Das Holzknechthaus, Eine Waldgeschichte

Peter Rosegger, Marie Goebel

Nabu Public Domain Reprints:

You are holding a reproduction of an original work published before 1923 that is in the public domain in the United States of America, and possibly other countries. You may freely copy and distribute this work as no entity (individual or corporate) has a copyright on the body of the work. This book may contain prior copyright references, and library stamps (as most of these works were scanned from library copies). These have been scanned and retained as part of the historical artifact.

This book may have occasional imperfections such as missing or blurred pages, poor pictures, errant marks, etc. that were either part of the original artifact, or were introduced by the scanning process. We believe this work is culturally important, and despite the imperfections, have elected to bring it back into print as part of our continuing commitment to the preservation of printed works worldwide. We appreciate your understanding of the imperfections in the preservation process, and hope you enjoy this valuable book.

Peter Rosegger

DAS HOLZKNECHTSHAUS

von PETER ROSEGGER

Oxford German Series
By AMERICAN SCHOLARS
GENERAL EDITOR: JULIUS GOEBEL, PH.D.
PROFESSOR OF GERMANIC LANGUAGES IN THE UNIVERSITY OF ILLINOIS

DAS HOLZKNECHTHAUS

EINE WALDGESCHICHTE

Von PETER ROSEGGER

EDITED, WITH AN INTRODUCTION AND NOTES,

By MARIE GOEBEL

NEW YORK
OXFORD UNIVERSITY PRESS
AMERICAN BRANCH: 35 WEST 32ND STREET
LONDON, TORONTO, MELBOURNE & BOMBAY
HUMPHREY MILFORD
1914
All rights reserved

Copyright, 1914
By Oxford University Press
AMERICAN BRANCH

PREFACE

THIS edition of *Das Holzknechthaus* has been prepared primarily for high school students of the first or second year, and the attempt has been made to adapt it specifically to their needs. Discussion of disputed or erudite questions, either in the introduction or in the notes, has been purposely avoided. Only such points have been explained as would interest the high school student or present difficulties to him.

The vocabulary of this edition has been prepared by Mr. A. E. Zucker, A.M., of the University of Illinois.

MARIE GOEBEL

URBANA, ILLINOIS, May, 1913.

CONTENTS

	PAGE
INTRODUCTION	vii
TEXT	1
NOTES	33
VOCABULARY	41

INTRODUCTION

ONE of the most beloved of present-day German writers is Peter Rosegger. He was born on the thirty-first of July, 1843, at Alpl, a small village in the Styrian Alps. Here, acting as shepherd for his father's flocks, he grew up with no education except such as he could pick up from a traveling schoolmaster. Even at this time he was considered unusually gifted. He was too delicate, also, to endure the drudgery of a farmer's life. As his parents were too poor to give him further education themselves, his mother went to the village priest to see whether means could not be found for him to study for the priesthood. Brusquely the priest told her that if her son had no recommendations other than his delicate health, he had better give up the idea, there were enough such priests in the world. Thus it came about that in 1860 Peter Rosegger was entrusted to the care of a traveling tailor, where he was to learn to "remedy what God had ruined in every knock-kneed, hunch-backed and deformed man." During the next four years he wandered with his master from one farm and village to another.

These years were not wasted, however. Every free moment he spent in reading and acquiring the immense store of impressions and experience which he later embodied in his stories, and which was to make him one of the foremost interpreters of German life. Even his hours of work he used in planning poems, stories, and plays. These he wrote when his day's duties were done. In 1864 he sent one of his poems to the *Grazer Tagespost*. To his surprise, the editor, Dr. Albert Svoboda, responded by asking him to forward all the poems which he might have written. He complied by sending fifteen pounds of manuscript!

This opened the way to a literary career. In an article in the *Tagespost*, Dr. Svoboda praised the work of the young Styrian poet. His talent and ability were at once recognized, and letters of congratulation poured in. Money, too, was sent him, and this enabled him to enter the "Akademie für Handel und Industrie" in Graz, where he studied for four years. In 1869 he published his first volume of poems, *Zither und Hackbrett*, written in the Styrian dialect. These met with success, and in a short time he was known as one of the most popular and prolific of German writers. Some of the best known of his works are *Die Schriften des Waldschulmeisters*, *Der Gottsucher*, *Martin der Mann*, *Jacob der Letzte*, and *Das Ewige Licht*. In each of these, as he himself says, he seeks to find an artistic solution of one of the great world problems.

Aside from his works, his life has presented little to chronicle. Twice he has started upon a journey to Switzerland and Italy, but each time a sudden longing for home has forced him to return. He lives quietly in

INTRODUCTION

Graz during the winter and in summer on his estate in Krieglach, near his birthplace. His has been the happiness of one whose annals are brief.

It is the life of the peasants of the Styrian Alps that Rosegger describes in his stories. There is hardly another German writer who so intimately expresses the spirit of the country and the people among whom he lives. He recurs again and again to his beloved forests and mountains for the characters and scenes of his writings. It follows that they cannot be fully appreciated without some knowledge of these people and their surroundings.

The Styrian Alps are among the most desolate and uncivilized parts of German Austria. The people are hardy peasants, accustomed to fighting with nature for their livelihood. Remote from the world, they live not in villages, but upon isolated estates, which remain in the family from one generation to another. In patriarchal style, farmer and servants live under one roof, working for the common good. It can readily be understood that these people could not live amid the dangers of the Alps without being intensely religious and superstitious. For them all the powers of nature are personified; the trees, the streams, the caves, and the mountains have their good or evil spirits. With peculiar fitness the Roman Catholic faith seems to have met the needs of these simple people. It has preserved many of the old pagan beliefs and customs, clothed in Christian garb. Where once were pagan shrines, churches or chapels now stand. Without seeking to destroy the old faith, the newer religion has met it at every turn and has firmly entrenched itself.

Such are the people among whom Rosegger lived. But he is not a mere mirror of the life about him: his world embraces the eternal problems common to mankind. Through all his works he repeats his solution: that health and happiness are to be found only in nature and among simple peoples, that culture leads to the debasement of man's character, to sin and to a lack of human sympathy. It is the inner wealth and virility of the German peasant's life as contrasted with the stagnation and vapid culture of city life that he emphasizes. When asked whether he were a disciple of Rousseau, Rosegger declared his belief in these famous words: "I do not know whether I agree with Rousseau or not. I am too little acquainted with him. It may, however, have occurred also to others that too much culture and arrogance of spirit can work for evil. I place what is natural above what is artificial, simplicity above display, deeds above knowledge, the heart above the mind." That the maintenance of these ideals lay with the peasants, was Rosegger's firm belief. He could not lay too much stress upon the supreme educative value of a simple and natural mode of life. For him the German peasantry with its sound, unspoiled ideals is a national source of spiritual and ethical regeneration, while in a life like theirs lies the most satisfactory solution of the social problems.

These ideas we find embodied also in *Das Holzknechthaus*, one of the *Waldgeschichten* which made Rosegger famous. It is the glorification of the peasant who, in leading a natural, healthy life, spiritually and morally outshines the man more cultured and better educated. It is a peculiarly sound note that Rosegger strikes in this story. Instead of reflecting upon the restlessness of the times, he exalts the happiness and quiet content of German family life, the very source of German greatness. The Baron von Scharfental, during the days that he spends with the woodcutter's family in their wretched hut, learns for the first time what love and devotion are. The story is directly and naïvely told. We follow with increasing interest the swift action from the day when Mirtl, the woodcutter, leaves home, until he returns to rescue his family from death. This is related in language at all times simple and popular. Although the author purposely avoids burdening his style with many figures, it is rich in poetic feeling.

Rosegger, although a realist, does not interpret realism as did many of the nineteenth-century writers. Unlike some of his contemporaries of the same school, he does not delight in exposing the base in man's nature or the wretchedness of the world. He seeks the beautiful and the joyous in life, and it is the best side of man's nature that he pictures. To such an underlying idealism he gives expression when he says, "If art is not more beautiful than life, it has no purpose."

Das Holzknechthaus

Wahrhaftig, wenn um die Hütte nicht einzelne gelbe, geringelte Ahornblätter herumgelegen wären, man hätte gemeint, es sei ein Juniabend.

Dieser Flechten- und Moosteppich, der sich über Erde und Gestein hinzog und sich an alle Glieder des Waldes schmiegte, mußte von den fleißigen Rosenfingern des Mai gewoben sein. Die hohen Fichten und Tannen hatten noch keine einzige ihrer Millionen Schmucknadeln, die sie vom Frühling erhalten, weggeworfen; sie standen gar stolz da in ihren dunkelgrünen Mänteln, jede hatte eine Krone auf, und sie standen so nahe beisammen, daß sie ihre Arme ineinander verschlingen konnten. Selbst die kahlen Stämme hatten bis zu den ersten Ästen hinauf ihren Schmuck; ihre grauen und braunen Rinden waren so nett und verschiedenartig gezeichnet und geschnitzt, daß man meinte, die ganze Weltgeschichte sei in Holzschnitt da. Die kleine Wiese zwischen den hohen Bäumen, die rechts am Bache liegt und bis zur Hütte herausgeht, wollte auch noch Gutes tun; sie trieb mehr des jungen Grases, als die zwei weidenden Ziegen verzehren konnten, und am Rande des Wassers hatte sie einen zierlichen Wald von Farnkräutern. Wie war denn dem kleinen Acker jenseits am Rain, den der Mirtl durch Axt und Brand der Wildnis abgerungen, bis er, sorglich gepflegt, statt wilden Gesträuches volle Garben gab? Ihm war, als habe er noch zu wenig gespendet, und er trieb neue Keime.

Es war wie an einem Juniabend, nur viel stiller und feierlicher; man konnte es weithin hören, wenn ein Ast seufzte. — Ein alter Ahorn stand auch im Gebirgstal, aber der hielt sich hinter den drei Tannen, welche die Hütte, Mirtls Daheim, beschützten, verborgen, weil er keine grünen Blätter mehr hatte; diese waren ihm gestorben und abgefallen, und nun hüpften sie in allen Farben und Ringelformen herren- und obdachlos im Tale aus und ein. Es kam heute dann und wann ein leiser Windstoß in das Tal, die Wolken waren weiß und „lämmerlich" und gingen über das kleine, von hohen Bergen begrenzte Stück Himmel dahin, und vom Hochwald hernieder rauschte es.

Im Tale begann es bereits zu dämmern, und der Mirtl saß auf dem Bänklein vor der Hütte und schärfte seine Axt mit einem Schiefer und befestigte sie dann an der Kraxen, auf welche bereits Mehlsack, Schmalzbutte, Hafen, Pfanne und verschiedene andre Gegenstände, wie sie der Holzknecht die Woche hindurch auf dem „Schlag" benötigt, gebunden waren. Mit dieser Beschäftigung fertig, stellt Mirtl die Kraxe in die Hütte, setzt sich behaglich auf die Bank und schlägt Feuer für sein Abendpfeifchen.

Mittlerweile hat sein Weib die Ziegen, die schon lange um die Hütte herum und sogar rückwärts auf das schiefe Rindendach gestiegen waren, in den Stall getan und war eben beim Melken für Abendsuppe und Frühstück, wenn der

Mirtl morgen fortgehe. Dabei sang es einen „Almer", den der Holzknecht vor dem Häuschen mit einer nicht unebenen Baßstimme schmunzelnd begleitete, bis ihm derweil sein Pfeifchen ausging.

Plötzlich klopfte es von innen an das kleine Fenster, und hinter dem Glas wurde das gemütliche Gesicht eines alten Mütterchens sichtbar: „He, Mirtl, wo sind denn heut' die Kinder so lang'? Geh schau' ein wenig und bring sie heim; 's geht auf einmal der Wind rechtschaffen kühl."

„Nun, wird Euch schon zeitlang, Mutterl?" entgegnete der Angesprochene, indem er aufstand, die Finger in den Mund steckte und pfiff. Nur der Wald gab Antwort, sonst blieb es still, bis Mirtl den Ruf wiederholte.

„Was hast denn, Mirtl, sind 'leicht die Kinder noch nit da?" schrie die Melkerin vom Stall hervor; aber der Mann war schon auf und fort, er erinnerte sich, daß die Kleinen seit frühem Nachmittag nicht mehr um die Hütte waren. Es war schon dunkel. Auf der Wiese stand er still und blickte umher und horchte. Vom Lahmkogel hörte er das Bellen eines Rehes, und im Hochwald rauschte der Wind. Sonst war alles ruhig.

Dem Mann wurde bang, er pfiff noch einmal, dann rief er: „Hansl! — Julerl!"

Ach, der Wald, wie er immer höhnend nachsprach, und wie er so schwarz und finster dalag, als berge er Unglück in sich.

Mirtl eilte weiter, er lief gegen die Schlucht und rief in einem fort die zwei Namen. Vergebens. Es wurde finster. Der Holzknecht betete: „Jesus Maria" in seinen Gedanken, und dann wurde ihm leichter, und er dachte, es werde doch nicht sein. Aus der Schlucht hörte er das Rauschen des Bächleins, das dort einen Wasserfall bildete.

Und mit dem Wasserrauschen schlug plötzlich der Laut einer Kinderstimme an sein Ohr. Dann horchte er und pfiff und schrie und hörte nichts als Wind= und Wasserrauschen. Mirtl eilte in die Schlucht, und auf einmal — o, welch freudiges Aufwallen! — ganz nahe hörte er die wohlbekannten, fröhlichen Kinderstimmen. Sie saßen am Bach, waren beschäftigt, aus den Steinchen und Holzstückchen ein Häuslein zu bauen und eine Mühle, wie sie der Anbauer weit draußen im Dorfe hatte, bei dem sie schon einmal waren mit dem Vater, als er Korn hinaus= und Mehl hereintrug. Jetzt wollte der Knabe auch noch das Wasser in die Mühle leiten, er war ja Müller, und das Schwesterchen, das war der Vater, der das Korn brachte — „Heda!" rief er, da stand er vor ihnen. „Wart ich werd' euch helfen, wenn ihr nit heimgehn wollt; marsch, gleich auf der Stell'; wißt ihr nit, wann es Zeit ist, und wo ihr hing'hört — ich möcht' gleich die Ruten nehmen!"

So zürnte der Vater, und die Kinder rafften sich erschrocken auf. Sie hatten früher seine Stimme ja nicht gehört, weil das Wasser rauschte, und jetzt sahen sie es erst, daß es bereits dunkel war. Sie hatten ihn böse gemacht, wußten sich keinen Rat und schluchzten. Aber der Mann hob jetzt die Kleinen an seine Brust,

und ohne ein Wort mehr zu sprechen, hielt er sie fest —
fest. — Sie waren ja sein alles — sie waren sein alles auf
Erden!

So trug er sie nach Hause, und daheim am Herdfeuer
wurden die nassen Kleider der Kleinen und das Auge des
Mannes bald wieder trocken.

Der Wind rüttelte am Fenster, und bei der Abend=
suppe, die den Kleinen heute doppelt schmeckte, weil ja
auch der Vater wieder gut war, meinte nun Mirtl, es
würde schlecht Wetter machen, dann werde es diese Woche
zum Holzen.

„Das ist mir schon allemal zuwider, wenn es zum
Holzen ist!" sagte das Weib halb wehmütig, halb un=
mutig, „man muß sich die ganze Woche grämen; 's ver=
geht halt doch kein Jahr, daß nit ein Unglück geschieht."

„Geh, geh, Waberl, denk auf den Oberen!"

„Vergiß das Zellerkreuzl nit, Mirtl!" mahnte die Groß=
mutter, während sie die Kinder auszog und dieselben dann
ins gemeinsame Bettchen an der Ofenbank brachte.

„Und sonst fehlt nichts daheim?" fragte der Holz=
knecht, indem er die braune Schwarzwälderuhr aufzog; —
„daß ich nichts vergess', morgen muß ich zeitlich auf —
ein Salz ist noch?"

„Na, das werd' ich schon machen, Mirtl; schau, daß
dir nichts abgeht. Nimm den Lodenrock und ein wenig
Branntwein mit. Da steck' ich dir einen englischen Bal=
sam und eine Kräutersalbe ein, daß du zum Fall doch
was nehmen kannst. Den Tabak hast?"

„Bei Leib, den vergeß ich nit. Wenn ich nur einen

Tabak hab', ums andre frag' ich nit viel. Eines muß ich dir noch sagen, Waberl: Gib auf die Kinder acht — schau, ich bin heut' so sterbens erschrocken, wie ich sie nit gleich gefunden hab', 's kann bald was sein! Und noch was, diese Wochen ist Niklo, draußen im Kasten unterm Korn hab' ich Äpfel und ein paar Lebzelten, die steckst den Kindern in die Schuh', und der Mutter hab' ich ein Kopftuch gekauft, das legst ihr aufs Fenster neben ihrem Bett. — Und du, Waberl, kriegst zum Niklo erst Samstag was, wenn ich heimkomm'," setzte der Mann schelmisch hinzu und strich seinen Schnurrbart.

Bald darauf war der Kienspan im Holzknechthäusel verloschen. —

Julerl wurde zuerst wach. Sie sah, wie es so licht war in der Stub' und draußen und alles so weiß. Sie wußte es gleich, sie sah es ja, wie sie noch immer herabfielen, die weißen Vögelchen. Sie hüpfte vor Freude im Bettchen und zwickte den Hansl, daß er auch erwache, und flüsterte ihm ins Ohr: „A Schneewerl hat's g'schneibt, a Schneewerl hat's g'schneibt!"

Und als die Kinder angezogen waren — Julerl durfte heute das neue Lodenjöppel, das sie von der Patin im Dorf erhalten hatte, tragen — warteten sie gar die Suppe nicht ab, so eilten sie in den schneienden, frostigen Tag hinaus. Der Knabe wollte des Vaters Griesbeil nehmen, weil es spitzig war, und mit demselben allerhand Dinge auf den feinen Schneegrund zeichnen; aber das war schon in aller Früh' mit dem Vater fort, weit hinaus in den großen Raitschlag, wo heuer der Baron Wald schla=

gen ließ und dreißig Holzknechte beschäftigte. Das war
ein wahres Vergnügen für die Kleinen, wie sich ihre Fuß=
trittchen und Finger so rein und nett in den weichen
Schnee eindrückten, und wie sich aus demselben allerlei
Männlein formen ließen, die sie auf die Bank stellten, wo
sonst der Vater so gerne saß. Viel Spaß machten die
großen Flocken, die langsam um die dunklen Tannen
tanzten, und von denen Julerl kaum erwarten konnte,
bis sie herabkamen. Dann langte sie mit den Händen
nach denselben oder hielt wohl gar das Gesicht so, daß
die kalten, wunderlichen Blättchen auf ihre roten, war=
men Wangen fallen konnten, bis Großmutter sagte,
daß das gar nicht gesund wäre. „Mußt die Flankerln
in Ehren halten, Kind," sagte sie dann, „das sind Brief=
lein, die der liebe Herrgott im Himmel oben schreibt
und zu den Menschen herabfallen läßt, daß sie auf ihn
nit vergessen!"

Das fand nun das Mädchen so merkwürdig und lieb,
daß sie es gleich dem Hansl sagen ging, worauf dieser
nach einer recht großen Flocke haschte, um einmal ordent=
lich zu untersuchen, was denn darauf stünde; aber sie
zerging ihm in der Hand, und er hatte nur einen hellen
Wassertropfen.

Als die Mutter auf den Mittag Feuer anmachte und
über das Dach des Häuschens blauer Rauch stieg, dachte
sich Julerl, daß das eigentlich nicht sein sollte, weil ja
die Himmelsbrieflein schwarz würden.

Das Schneien hielt an, und die Kinder waren schon
ganz naß, als sie die Großmutter zu Mittag in die Hütte

brachte. Sie selbst fühlte Frost und bat die Waberl, ihr die Suppe heute an ihr Ofenbänklein zu bringen.

Nach dem Essen, als Waberl im Stall und am Herd fertig war, brachte sie einen Strohschaub und einen Bund Weidenruten in die Stube. Daraus flocht sie Brot=, Zeug=, Näh= und Strickkörbe, die sie recht geschickt und zierlich zu formen verstand, und welche für den Winter ihren Erwerb bildeten. Weit draußen, wo die hohen Berge aufhören und die Mürz fließt, wachsen die Weiden, und Mirtl brachte, wenn er von der „Rait" kam, immer einen Bund davon mit.

Die Kinder mußten Späne klieben, und das Mädchen versuchte sich mitunter auch im Flechten, was aber immer viel zu locker wurde, weil seine Finger noch zu schwach waren. Der Hansl machte sich an die Großmutter; sie sollte wieder Märchen erzählen oder sonst was, sie konnte so schön, daß man sich gar nicht satt hörte und die Kinder aufjubelten oder sich nach Umständen wohl gar zu fürchten anfingen.

Die Großmutter wußte Sachen, die sich in der Gegend zugetragen hatten.

Wie's d r a u ß e n aussah, das wußte sie freilich nicht; sie war ihr ganzes Leben in diesem Tale und kam nie weiter als ins Dorf und zur Kirche hinaus. Nur ein= mal, als sie noch jung war und in Zell eine „Ehrmesse" gehalten wurde, war sie mit ihrem Manne dort. Das war so weit, daß sie unterwegs einmal bei fremden Leuten über Nacht bleiben mußten. Sonst hatte Großmutter von der Welt nichts gesehen und meinte, es werde auch nirgends so schön und gut sein als daheim im kleinen Tal bei den hohen Bergen. — Ihr Vater soll das kleine Haus vor der Schlucht, deren Felsen vor Wind und Wetter schützten, erbaut und sich von Wurzelgraben ernährt haben. Als er starb, erhielt sie das Häusl und heiratete einen jungen Mann, der oft in die Gegend kam, allerlei Kräuter sammelte und aus den Ameishaufen den „Waldrauch" herauszog; mit letzterem trieb er Hausierhandel und setzte dieses Geschäft fort bis zu seinem Tod. Es war schon manches Jahr um, seitdem man ihn aus der Hütte fortgetragen hatte, da übernahm der einzige Sohn, der Mirtl, die Wirtschaft.

Aber der Mirtl befaßte sich nicht mehr mit den Wurzeln und Kräutern, sondern machte ein Fleckein Wald urbar, worauf Korn und Erdäpfel wuchsen. Am Bache, wo Wacholder- und Hagebuttensträuche wucherten, haute er diese aus und verbrannte sie an der Stelle, damit durch das Feuer auch die Wurzel getötet werde. Darauf grub er den schwarzen Grund um und legte Gras- und Kräutersamen hinein, so daß in zwei Jahren fußhohes Futter wuchs. Jetzt brauchte er die Ziegen nicht erst in den Wald fortgehn zu lassen und sie den Gefahren vor Jägern und wilden Tieren oder eines Absturzes auszusetzen.

Wie Mirtl nun seine kleine Wirtschaft im Gedeihen sah, heiratete er ein armes Mädchen von Marwänden herüber, und die junge Hausfrau legte auch noch einen Gemüsegarten an und putzte das Häuschen heraus, daß es eine Freude war.

Da kam eines Tages der herrschaftliche Förster in das

Tal und sah sich die Sache an und fragte den Mirtl, wer ihm denn erlaubt habe, hier auf fremdem Grund und Boden so zu wirtschaften. Der Wald und das Tal und alles gehöre dem Baron von Scharfental, und die Hütte stände nur aus Duldung da. Wolle er, der Mirtl, hier anbauen, so habe zwar der Baron nichts dagegen, nur müsse er sich zu Robot in den herrschaftlichen Waldungen verpflichten. Das hatte Mirtl zusagen müssen, sonst wäre ihm alles weggenommen und zerstört worden.

Da nun aber draußen an der Mürz, wo der Baron Werke und Hämmer hatte, viel Holzkohlen verbraucht wurden, nahm der Waldherr Holzleute auf und schickte sie mit glänzenden Arten in seine Hochwälder.

So hatte auch Mirtl — der nun nicht mehr gezwungen war, bei der alten Mutter zu Hause zu bleiben, weil sie und auch das Hauswesen die arbeitsame Waberl versorgte — im „Schlag" Arbeit erhalten und erhielt Taglohn. Es tat den Leuten daheim in der Hütte recht weh, wenn sie an den Hausvater dachten, der mit Schweiß und Lebensgefahr bei karger Kost die langen Tage draußen waltete und sich opferte für die wenigen Groschen, die er seinem Daheim brachte, und zum Vorteile eines reichen Mannes, der mit dem abgekargten Lohn des Arbeiters seine Hunde fütterte.

Waberl blickte trüb in den schneienden Nachmittag hinaus. Sie ließ ihr Flechtwerk ruhen, sie flocht und wob ihre Gedanken in den Winter, in die traurige Zeit, die heuer so lang' ausgeblieben und doch gekommen war.

„An was denkt Ihr denn, Mutter? denkt Ihr, daß der Winter viel schöner ist wie der Sommer?" Das sinnende Weib gab dem Knaben, der so fragte, keine Antwort. Es ging nun, der Großmutter ein Strohpolster unter das Haupt zu legen, weil diese bei ihrer Ofenbank eingeschlafen war.

Nun mußten die Kinder mäuschenstill sein, und sie schlichen auf den Zehenspitzen in das Vorhaus, wo sie wieder laut plaudern und scherzen durften.

Am nächsten Tag blieb die Großmutter im Bett, weil sie infolge einer kleinen Verkühlung ein wenig unwohl war. Sie war aber recht heiter und unterhielt die Kleinen, die heute doch nicht mehr ausgehn konnten, denn der Schnee war schon so tief geworden.

Die langen Äste der Tannen hingen schwer nieder, und die Zaunstecken des Gärtchens hatten hohe Hauben auf. Nur zur Not ließ sich der Schnee noch ausfassen, wenn Waberl vom Bächlein Wasser holen wollte. Das Bächlein war auch schon so verschneit, daß man es gar nicht sah und hörte, sondern es wie durch einen Kanal still dahin sickerte. Sonst war das Wetter nicht kalt, und es ging auch kein Wind, nur war der Himmel fortwährend grau und schwer.

„Aber die Knecht' werden ja völlig nit arbeiten können," meinte Waberl zur Großmutter, indem sie mit einem Besen den Schnee von den Schuhen kehrte. „Dann kommt der Mirtl noch vor dem Samstag heim," entgegnete diese, „das Holzen geht doch nit."

Großmutter blieb im Bett, es wäre ihr nur ein

bißchen kühl und schwach, und versäumen täte sie ja nichts. —

So verging der erste Teil der Woche, und als es Donnerstag Morgen wurde, war eine große Freude in der Hütte.

Die Kinder konnten in die Schuhe nicht hinein.

O, sie hatten gar nicht daran gedacht oder hatten geglaubt, er könne in diesem Wetter doch nicht kommen. Es war Niklo, und der heilige Bischof war in der Nacht dagewesen und hatte Äpfel und Lebzelten in die Schuhe getan und der Großmutter ein schönes buntes Kopftuch auf das Fenster gelegt. Julerl getraute sich die roten Äpfel gar nicht zu essen, sie meinte, es sei schade, weil sie im Paradies gewachsen wären. —

Allein, so selige Freude heute auf den frischen Gesichtchen der Kleinen glänzte, so schwerer Kummer lag auf dem Herzen der Hausfrau. In Sorge stand sie mit der Schale Holundertee vor der kranken Großmutter und bot ihr zu trinken. Diese trank ein wenig und mußte immer wieder einschlafen, wenn sie geweckt wurde. Sie war so müde. Mitunter lispelte sie leise, daß ihr Sohn kommen möge, und daß ihr kühl sei. Dabei hatte sie eine glühende Stirne und heiße Hände. Waberl legte der Kranken Sauerteig auf, daß die Hitze vergehe. Die Großmutter ließ es geschehen, und einmal sagte sie, wie im Träumen, jetzt werde sie wieder jung und habe rote Wangen wie vor vielen Jahren, als sie den Josl zum Mann genommen. Er sei zwar schon gestorben, aber sie werde ihn doch wieder nehmen.

Über Nacht war sie so geworden, und Waberl wußte sich vor Angst nicht zu helfen, und sie ging in den Ziegenstall und weinte und betete, daß ein Schreckliches doch nicht über ihr Haupt kommen möge. Mit Angst und Hoffnung sah sie dem Samstag entgegen. Wenn doch nur das Schneien aufhörte, daß nicht etwa alle Wege und Pfade — sie wagte das Weitere gar nicht zu denken, — und der Schneefall dauerte fort.

Es waren keine großen, breiten Flocken mehr, die da fielen, nein, es war wie ein dichter Nebel und Staub, was nun niederging, daß man selbst die nächsten Bäume kaum sehen konnte. Das Bänklein vor der Tür war längst unter Schnee, und Waberl meinte bei sich, jetzt müsse es doch bald aufhören, denn über das Bänklein sei der Schnee sonst auch in dem tiefsten Winter selten gegangen. Die zwei Nebenfensterchen in der Stube, die gegen die Schlucht sahen, waren bereits verschneit, und wenn man durch die andern hinaussah, hatte man die gleiche Schneehöhe mit den Fenstern, so daß der Hansl einmal verwundert ausrief: „Mutter, unser Haus ist in die Erde gesunken!"

So war es Freitag Abend geworden, und das Schneien hatte endlich aufgehört. Nun, da man wieder klaren Blick hatte, sah man erst die ungeheuern Schneemassen, die im Sonnenuntergehn gar rosig schimmerten. Fremde Vögel flatterten auf den Bäumen umher, wie man sie sonst nie in der Gegend sah, und sie hatten ein gar eignes Gezwitscher.

Später wurde es ruhig, und es ging der Mond auf. Auch die Sterne sah man; es war eine heitere Nacht.

Waberl saß am Bette der Kranken und blickte traurig auf die abgespannten Züge. Sie schlummerte, nur als jetzt der Mondschein langsam auf ihre Wangen rückte, erwachte sie und lächelte. — „Er sieht mich schon an," lispelte sie, „aber er hat ein bleiches Gesicht. — Die Sonne, die möcht' ich wohl auch noch einmal sehen!"

Die Großmutter sagte dieses mit einem Ton, der die arme Waberl schier zum Tode erschreckte. Waberl verhüllte darauf das Fenster mit einem blauen Tuche, daß der Mond nicht so hereinscheinen konnte.

„Gelt, die Kinder schlafen schon?" fragte dann die Kranke vollständig wach.

Sie ruhten neben in ihrem Bettchen, wie zwei Engelchen hold, und hielten sich umschlungen.

Die Großmutter griff nach der Hand ihrer Schwiegertochter: „Waberl, sei nit traurig; 's geht alles gut aus. Noch verlaßt euch die alte Mutter nit, schau, ich hab' euch ja alle gern. Bleibt nur so und schaut auf die Kinder, das bitt' ich euch! —"

Waberl schluchzte, die Kranke blickte ihr starr ins Gesicht, dann lispelte sie: „Trinken!"

Die Tochter reichte ihr das Preißelbeerwasser, das kühlend und stärkend wirkt, und die Greisin nahm ein paar gierige Züge. „Jetzt ist mir besser, viel besser," hauchte sie, auf das Polster zurücksinkend — „geh, leg' dich nieder, Waberl, bist auch müd'; ich werd's schon sagen, wenn ich was will."

Bald darauf schlief sie ruhig ein.

Waberl horchte dem Atem, er war viel ruhiger und

geregelter; 's wird doch wohl, dachte sich das besorgte Weib, mich deucht', 's wird ein wenig besser, — nein, da wär ich aber froh! 's wird doch wohl; und morgen kommt ja der Mirtl. — Sie besprengte nun die Schlafenden mit Weihwasser und machte ein Kreuz über alle drei. Bald darauf war der Kienspan im Holzknechthäusel verloschen.

Wie sie nun ruhten, die vier Menschenherzen, und träumten freudig und bang — und die Wanduhr tickte, und der Mond strahlte still durch die Fensterlein: da zog ein Engel durch die Stube, drückte einen Kuß auf die Lippen der schlummernden Greisin und verhüllte das Antlitz. —

Ein leiser Windstoß, der am Fenster klirrte, weckte Waberl auf. Sie machte Licht, um nach der Kranken zu sehen. Diese schlummerte.

In der Stube war's kühl geworden, und Waberl wollte der Großmutter ihre Decke bringen. Die Großmutter hatte jetzt einen leichten Schlaf, keine Beschwerde im Atemholen.

So süß hatte sie schon lange nicht geruht, nie in ihrem Leben. Sie war eingegangen zur großen Ruhe.

Der Kienspan flackerte rot und düster, als wollte er ein bleich gewordenes Antlitz wieder färben. . . .

Julerl lächelte im Traum und schmiegte sich an den Hals des Brüderleins. Und Waberl war hingesunken auf den Lehnstuhl und verbarg ihr Gesicht. Ihre Lippen zuckten, sie hatten keinen Laut, ihr Auge hatte keine Träne — alles, alles im Herzen! —

Der Kienspan verlosch, aber die Kohle glimmte noch lange wie das Gedenken der Liebe an ein verblichenes Herz.

. . . .

An den Fenstern blühten wundervolle Eisblumen, und durch dieselben schimmerte die Morgenröte.

Waberl ging und machte Feuer in dem Ofen und molk die Ziegen zur Suppe für die Kinder. Die Ziegen gaben heute weniger Milch als sonst; vielleicht weil Waberl nicht sang? Als die Kinder erwachten, sagte sie, sie sollten heute still sein und beten, es sei die Großmutter gestorben. Darauf durften sie die Leiche ansehen, und Hansl sagte, sie sei nicht gestorben, sie sei ja noch da und schlafe nur. Dann küßte Waberl ihre Kinder und konnte endlich weinen.

Nun holte sie ihren Wachsstock aus dem Kasten hervor, und als sie die Leiche mit einem Linnen überdeckt hatte, zündete sie den Wachsstock an und stellte das kleine Kruzifix dazu, das sonst auf dem Hausaltar stand. Dann tat sie ihre Arbeiten wie sonst jeden Tag und dachte fortwährend an den Abend, wenn er kommen und es sehen werde.

Draußen ging ein kalter Wind und fegte an den Schneemassen und wehte ihn in alle Fugen und an die Fenster, daß es ganz dunkel wurde im Häuschen und das Wachslicht einen gar eignen Schein an die Wand warf.

Die Kinder fürchteten sich und gingen zur Mutter in die kleine Küche. Dort kauerte sie am Herdfeuer und betete, und die lustig flackernde Flamme heimelte sie an und erleichterte ihr Herz.

So erwartete sie den Abend. Er kam, aber — Mirtl

kam nicht. — Lange war die Stunde schon vorüber, um welche er sonst an die Tür klopfte, sein Weib und sein Mütterlein begrüßte und die Kleinen an den Schnurrbart drückte. Heute war diese Stunde schon längst vorüber. Er konnte ja nicht kommen, es war unmöglich; der Schnee lag klaftertief, und vom Schlag bis zur Hütte hatte man im Sommer gute drei Stunden.

Vielleicht hatte er's versucht, und er ist weiter gewatet und weiter, bis er immer mehr einsank, ermüdet ein wenig ausruhen wollte und einschlief und — verweht wurde. — —

Sie tot, und begraben mit ihr im Schnee, getrennt von i h m und von aller Hilfe und von allem menschlichen Trost!

Solche Gedanken folterten das arme Weibesherz. Waberl stürzte zum Fenster, riß es auf, als wollte sie zu Hilfe rufen die Bäume, den ganzen Wald und Erde und Himmel! Dann schwankte sie wieder zur Herdlehne und zog die Kinder an die stürmende Brust, als seien sie nunmehr ihr einziges und allereinzigstes, an dem sie Gattentreue und Mutterverehrung, in unendlicher Kindesliebe vereinigt, zu verschwenden habe! —

Die Herdflamme war ausgegangen. Sie sah es nicht, sie hielt die Kinder in den Armen und barg ihr Gesicht in die jungen Locken. — Da klopfte es an der Tür.

Waberl sprang auf: „Da ist er, Gott sei Lob und Dank!"

Sie zündete einen Span an und ging um zu öffnen. Die Türe wollte nicht aus den Riegeln; von außen drückte eine zu große Schneelast an dieselbe. Jetzt wich sie:

„Endlich bist du da, Mirtl, grüß dich zu tausendmal Gott!" jubelte sie dem Eintretenden klagend entgegen. Dann stieß sie einen Schrei aus, und der Span entfiel ihrer zitternden Hand.

Es war nicht Mirtl; es war ein fremder Mann.

Dieser sagte: „Beruhigt Euch, gute Frau; ich bitt' Euch nur um ein Lager für diese gräßliche Nacht."

„Ja, bleibt, aber mein Mann, — kommt er auch? Habt ihn nit gesehen; wißt nichts von ihm? Ich bitt' Euch!" jammerte Waberl.

„Ich kenn' ihn nicht."

„Ihr kennt ihn nit, meinen Mann, den Holzknecht Mirtl; ja, seid Ihr nit vom Dorf herein?"

„Mirtl! der Holzknecht Mirtl ist Euer Mann?"

„Nit wahr, 's hat ihn nit verschneit! — oder hat's ihn? sagt es nur gleich heraus, ich ertrag 'es schon — ich ertrag' alles! — alles!"

Die Kinder weinten. Der Fremde suchte das aufgeregte Weib zu beruhigen und sagte, daß Mirtl nicht tot sei, daß er kommen werde, er habe ihn gesehen, auch gesprochen — im Schloß — im Dorf draußen, aber heute könne er nicht mehr kommen, heute nicht mehr. Grüßen ließ er sie. — Dabei war der Mann selbst aufgeregt und schüttelte mißmutig den Schnee von den Kleidern, lehnte den Stock und ein Gewehr an die Wand und warf den Hut mit seinem hohen Federbusch auf die Bank, die ihm das nun etwas beruhigte Weib zum Niedersitzen hinstellte.

Der Fremde war ein großer, schöner Mann in eleganter Jagdkleidung und mit langem Knebelbart, an dem noch

Eis hing. Die Kleinen fürchteten sich vor ihm, bis er jedem ein freundliches Wort gab.

Waberl stand am Herd und blies die Glut an. „Mögt Ihr doch eine Suppe?"

„Dank Euch; hab ein bißchen Schnaps bei mir. Aber das ist Euch eine verdammte Geschichte, hab's noch nicht erlebt so. Soll der Teufel alle Jägerei holen! — 's war aber nicht so arg heut' morgens, und neuer Schnee, sagt man, ist des Hasen Weh; 's ging auch ganz vortrefflich bis in den Mittag hinein — schieß' sogar ein Tier. Verlier' ich Euch, mein Gefolge und finde in diesem Höllengestöber die Spur von keinem Teufel. Meint Ihr, der Hund käm' mir nach, oder ich hört' wenigstens 'nen Schuß? — Nein. Ich geb' Notschüsse und verpuff' mein Pulver bis auf den letzten Kern. Umsonst! Als ob sie alle die Erd' verschlungen hätt', die Sakramenter. Gab Euch ein gut Stück Arbeit, bis ich da vom Kamm 'rab komm! Ist doch der Schnee bald mannstief! Fall' ein dutzendmal bis unter die Arme ein, und wie's nun gar finster wird — mein' schon, 's ist aus mit mir — seh' ich zum Glück das Licht Eurer Hütte. — Wie weit rechnet Ihr bis da zur Schlucht 'nein, Frau?"

„Mein Gott, hat unsre alte Mutter nit mehr braucht, als eine kleine Viertelstund' —".

„Und ich wat' Euch gute zwei Stunden da 'raus. Sakra! Ich spür' ja gar keinen Finger und keine Zehe mehr!"

„Zieht Eure Schuh' aus und setzt Euch auf den Herd da — ich bring' Euch Schnee herein, der zieht die Gefrür aus — so! Aber zieht doch den Rock aus, er ist ja pritschlnaß, ich geb' Euch eine Joppen von mein' Mann. — Mich deucht, wann der Mirtl doch nur auch da wär'!"

„Kommt morgen! Ein paar Schneereif', Frau, sind gewiß im Haus? sonst könnt' ich kaum fort; es werden aber schon meine Leut' kommen."

So wurde geholfen und gesprochen und beraten. Hernach aßen die drei ihre Suppe und beteten laut ihr Tisch- und Abendgebet. Dem Fremden kam das recht eigen vor, und wie die Kleinen so unschuldig aufblickten und noch ein Vaterunser für die Großmutter, die gestorben, und für den Vater, der nicht gekommen sei, beteten, bekam's ihn wie ein Zittern im ganzen Leib, und als müsse er fort in der Nacht noch, augenblicklich und befehlen und erlösen. —

Nach dem Gebet fragte Waberl den Fremden, ob er gleich schlafen zu gehn wünsche, sie trage ihm Stroh in die Küche; oder ob er mit in die Stube gehn wolle, sie und die Kinder würden heute durch die Nacht aufbleiben, weil sie einen Toten hätten.

Das war eine neue Überraschung für den Mann, und er wollte den Toten sehen.

Der Mann stand, fern von seinen Prachtgemächern und seinem Überfluß, in der Wildnis, mitten in einer Hütte voll Armut und Not und Grauen und starrte in das stumme Totenantlitz der Greisin und in die abgehärmten Züge seiner Wirtin und in die frommen Engelsgesichtchen der beiden Kinder.

Es war ein tiefes Schweigen, ein allgewaltiger Augenblick — der Mann sank wie gebrochen auf einen Stuhl und verdeckte mit den Händen seine Augen, daß er nichts, gar nichts mehr sehe.

Aber draußen um die Hütte herrschte ein fürchterlicher Sturm, ähnlich dem in seinem Herzen. Das Rauschen der Tannen, das Tosen an den Pfählen und Wänden der schutzlosen Hütte drang schauerlich an ein ungewohntes Ohr.

Aber Waberl hörte von all dem nichts. „Gelt, guter Herr," sagte sie, als sie die Erregung des Fremden gemerkt hatte, „gelt? Mein lieber Gott, er hat sie noch so gesund und wohlauf verlassen und im Fortgehn noch gesagt: Werdet mir nit älter derweil, Mutterl, und bleibt alleweil lustig! — Und jetzt ist's so. Nein, der wird aber hausen!"

Hansl war auf dem Stuhl eingeschlafen, und Waberl brachte die Kinder ins Bett.

Der Fremde kauerte im Winkel hinter dem Ofen und horchte dem nächtlichen Sturm. Die Fenster waren verweht und verfroren. Waberl bat den Mann, daß er schlafen gehe und nicht etwa auch noch krank werde, er sehe so unwohl aus. Aber der Fremde sagte, daß er doch nicht schlafen könne.

Nach Mitternacht ließ der Sturm nach, und man hörte ihn nur mehr von der Ferne wie ein dumpfes Nachdonnern nach einem Gewitter.

Dem Manne waren endlich die Augen zugefallen; aber Waberl saß bei der Leiche und betete. Die Lider waren ihr schwer — sie verlor sich und träumte unzusammenhängende Bilder aus heitern Zeiten. Da hörte sie aus

Fernem gleichmäßige Schritte, die immer näher und näher kamen. Waberl fuhr plötzlich auf. Sie hörte nichts sonst als das Ticken der Uhr.

Das Weib schaute auf die schlummernden Kleinen und drückte auf die Wangen einen Kuß, in welchem alle Freude und aller Schmerz des Mutterherzens aufgelöst waren.

Der Fremde mußte schwere Träume haben, er war sehr unruhig und seufzte. Waberl war besorgt um ihn und dachte bei sich, wie es doch gut sei, daß er gekommen. Er war ihr ein Trost in diesen Schrecknissen, die sie allein wohl kaum zu ertragen vermeint. War es wer immer, er werde das ja endlich wohl sagen, er sei nun Hausfreund und müsse helfen, helfen, bis Mirtl da und alles wieder besser wäre.

Es mußten dicke Wolken am Himmel hangen, es wollte in solchem Wetter nicht recht Tag werden.

Der fremde Mann erwachte auf seiner Bank, rieb sich die Augen und entsann sich seiner Lage. „Will denn diese gottverdammte Nacht kein Ende nehmen?" murmelte er aufspringend und auf seine Uhr sehend. Sie mußte von der Nässe gelitten haben und stand. Die Wanduhr zeigte im düstern Schimmer des Wachslichtes die achte Morgenstunde.

Waberl, die an der Wand herum gegangen war und die Fenster geprüft hatte, rang sprachlos die Hände.

„Was habt Ihr denn schon wieder?" fuhr sie der Fremde an, „ob's nicht Licht wird in diesem Loch, frag' ich Euch!"

Da wankte das trostlose Weib auf ihn zu: „Flucht nit, wir sind verschneit und verweht."

„Verschneit? Was habt Ihr da gesagt? Verschneit und verweht?"

Er rannte wie wahnsinnig zu den Fenstern. Verschneit und verweht! Abgeschlossen von aller Menschen Hilfe, gehüllt in ewige Nacht — lebendig begraben, — verhungernd — zerschmettert, wenn das Dach seiner unberechenbaren Last weicht und einstürzt. Verschneit und verweht! —

Und es blieb Nacht in der Hütte.

Der Fremde hatte sich ausgetobt. Jetzt saß er am kleinen Tisch und starrte sprachlos in die Flamme des Kienspans. Waberl mußte ihn trösten. Sie sagte, daß man durch den Rauchfang Tag schimmern sehe, und daß Mirtl schon kommen werde, um sie alle zu erretten.

Da lachte der Mann auf. Es war fürchterlich, wie er auflachte und das Weib und die Kinder erschreckte. „Heute noch nicht," murmelte er dann.

Nun machten sie Versuche, ob denn nirgends ein Ausweg. Sie öffneten die Tür; eine Schneemasse stürzte in das Haus, aber es blieb dunkel über derselben. Sie mußten tief liegen. — Durch den engen Rauchfang hinauszukommen, war unmöglich. Alles Raten und Anstrengen vergebens.

Die Kinder hatten zuerst ihren Spaß, daß es heute finster bleibe; sie löschten in der Küche den Span aus und spielten „blinde Kuh". Als aber die Mutter sagte, daß sie beten sollten zum lieben Gott um Hilfe und

Errettung, sonst müßten sie alle mitsammen sterben, da wurden sie denn doch ein wenig traurig.

Waberl war ein starkes Weib und hatte sich Fassung errungen. Sie ordnete alles neu an und dachte nach, wie es jetzt werden müsse. Lebensmittel waren im Hause, sie müsse nur sehr sparsam damit umgehn. Die Ziegen gäben ja täglich Milch und, wenn's darauf ankäme, auf ein paar Wochen Fleisch. Brennholz lag im Vorhaus, und wenn dieses verbraucht, wolle sie die Wand zwischen Stall und Futterkammer angreifen. Und endlich müsse doch ihr Mann und Hilfe vom Dorfe kommen.

Vor allem beschloß Waberl, die Leiche der Großmutter mit Hilfe des Fremden auf den kühlen Vorboden zu schaffen.

Nach alldem schmeckte bei Tisch die Erdäpfelsuppe recht gut, aber der Fremde aß nichts, sondern versuchte nur einmal aus seiner Pfeife, welche reich und zierlich beschlagen war, zu rauchen. Dabei hing er seinen Gedanken nach. — Wird er wohl kommen? Nein, vor drei Tagen gewiß nicht. O Hohn des Schicksals! Das ist zu viel! Laß mich doch nicht so elendiglich verderben. — Wird man mich nicht suchen? Hunderte werden es, aber sie werden mich in diesem Schneegrabe nicht finden.

Den andern Tag war der Fremde endlich heiter und spielte mit den Kindern und sagte, sie sollen ihn den Vetter Franz nennen; zu Hansl sagte er besonders, er werde noch sein Firmpate werden. Waberl versicherte er, daß Mirtl in einigen Tagen ganz gewiß kommen werde, und sie möge in der Weile nur auf das Feuer acht geben und wohl nachsehen, daß das Wachslicht am Vorboden nicht Schaden tue.

Der Mann aß nun auch, wenngleich wenig, von der Milchsuppe und den Kartoffeln und trank zu Durst mit den andern Wasser von aufgelöstem Schnee. Dabei lächelte er wehmütig und sagte, die Kinder streichelnd, sie würden mitsammen schon noch einmal was andres bekommen. Fluchen hörte man ihn nicht mehr.

So ging wieder ein Tag dahin, und die Bewohner der Hütte gewannen den „Vetter Franz" recht lieb. Er wußte Geschichten zu erzählen, und wie es draußen in der Welt und bei den reichen Menschen zugehe. Er zeigte ihnen seine Sackuhr und sagte, daß das, woraus das Gehäuse gemacht, Gold wäre. Sein Gewehr mußte er ihnen auch zeigen und erklären, und er fragte, ob denn der Vater keines habe. Die Kinder sagten nein, aber Waberl erzählte, daß Mirtl wohl einmal eines gehabt habe, als noch Wölfe im Gebirge waren und böse Leute in der Gegend herumstrichen. Da sei aber der herrschaftliche Förster gekommen, und der habe es mit fortgetragen, weil unsereins, der mit der Jagd nichts zu tun, kein Gewehr haben dürfe. Zwar aufrichtig: der Mirtl hätte wohl noch eins.

„Es gibt ja eine solche Unmasse von Wild in diesen Bergen herum; Euer Mann wird doch die Gelegenheit so dann und wann benützen?" fragte der „Vetter".

„Zu brauchen hätten wir schon was," meinte das Weib.

Der Fremde sah dem Span zu, dessen Kohle sich so merkwürdig ringelte. Hansl war noch im Anschauen und

Untersuchen der Uhr begriffen und fragte, „ob's denn mehr solche Sachen in der Welt gäbe?"

„Bei allen reichen Leuten, mein Kind," gab der Mann, lächelnd über diese junge Einfalt, zur Antwort.

„Ei, so sag' mir einmal, Vetter Franz, wie wird man denn ein reicher Mann?"

Was sollte der Fremde wohl darauf antworten? Aber Julerl tat's für ihn. „Ein reicher Mann, Hansl?" meinte sie, „wenn man ein Schloß nimmt und braucht die Leut' zum Roboten."

Der „Vetter" war ernst und nahm die Kinder auf seinen Schoß. Er küßte sie und tat im Herzen ein heiliges Gelöbnis.

Seitdem es Nacht in der Hütte war, hatte der Zeiger der Wanduhr zehnmal seine Runde gemacht. Das Stückchen Himmel, das durch den Rauchfang hereinlugte, war trüb, so trüb wie die Gemüter der Hüttenbewohner, deren letzte Hoffnung im Erlöschen war. Aber sie waren ruhig und ergeben. Nur der „Vetter" war wieder einmal wie rasend, er müsse fort, er k ö n n e hier nicht umkommen.

Und am sechsten Tag, als der Himmel blau durch den Rauchfang blickte, wurde es anders.

Waberl hatte es zuerst gehört und atemlos in der Stube verkündet. Dann waren sie alle ins Vorhaus gelaufen und hatten es wieder gehört. Dann wurde der Schnee vor der offenen Tür, der früher schwarz war wie die Wand, grau und licht und lebendig, eine Gestalt brach aus demselben hervor und im rosigen Tag stand er da und fiel seinem Weibe um den Hals. ——

Es war ein freudiges Tagen! — bis Mirtls Blick bang umherzuirren begann. — Oben im Vorboden lag sie, und vom Wachsstock brannte das letzte Stümpfchen. — Tot schon seit acht Tagen.

Der Holzknecht kniete an der Bahre und hielt die harte, kalte Hand fest umfaßt und starrte lange in das weiße Antlitz: „Mutterl! Das Wildbret war Euch vermeint gewesen, das ich in voriger Woche geschossen; hab' Euch so lieb gehabt, und jetzt seid's mir gestorben!"

Und wie der holde Tag durch die Tür strahlte und das harte Weh im Herzen sich aufgelöst hatte in Tränen, gedachte Waberl auch des Fremden. Der stand im Winkel hinter dem Herd. Als ihn der Mirtl sah und wieder ansah und sich die Augen rieb, hat sich das ereignet, was im Schlosse draußen noch heute durch ein großes Gemälde dargestellt wird.

Im Gemälde kniet der reiche und hochedle Baron Franz von Scharfental vor einem braunen, bärtigen Holzknecht und umfaßt dessen Knie und blickt flehend auf ins rauhe, treue Gesicht.

So hat es der Künstler dargestellt.

Auf der Rückseite des Gemäldes ist ein Fach und in demselben liegt die Urkunde. Sie lautet:

„Im Jahre des Heiles 1846, als der strenge Winter war, hat sich der Freiherr Franz von Scharfental auf der Jagd verirrt und sechs Tage und sechs Nächte in einer Holzknechthütte des Hochgebirges bei einer armen Familie, mit welcher er förmlich eingeschneit wurde, zugebracht. Er wäre alldort Todes gestorben, wenn nicht noch zu rechter Zeit der Vater der Familie und Besitzer der Hütte, vulgo Holzknecht-Mirtl, den der Baron einige Tage früher, als dies geschehen, **wegen einer kleinen Wilderei auf zehn Tage einsperren ließ**, von seiner Haft frei geworden wäre und mit andern Gebirgsleuten die Bewohner der Hütte gerettet hätte."

So hatte es der Baron aufschreiben lassen, und das ist die Geschichte von dem Holzknechthaus. —

Draußen im schönen Tal, wo auf einem Hügel das prächtige Schloß steht, liegt heute zwischen wohlbearbeiteten und fruchtbaren Feldern ein stattlicher Bauernhof, und Knechte und Mägde schaffen in und um denselben. Der Bauer trägt einen tüchtigen Schnurrbart und arbeitet wacker mit, obwohl er's nicht not hätte. Wenn er abends heimkommt, halst er sein Weib und sagt: „Waberl, du Herztausendschatz, grüß dich Gott!"

Den Bauernhof hat der Baron dem Mirtl gekauft, und dieser braucht keine Robot mehr zu entrichten. Julerl, die Tochter, hat einen Gutsbesitzer geheiratet, und Hans ist Oberförster.

Für den Hof daheim sind schon noch Jüngere.

Der Baron hat viele graue Haare. Man sagt, er habe die ersten vom Holzknechthaus mitgebracht. Er ist auch sonst seit jenem Ereignisse anders geworden. Wenn er irgendwo eine arme Familie weiß, so hilft er und erkundigt sich, wie tief um ihre Hütte im Winter der Schnee liege. Und wenn er am Sonntagmorgen bei den Seinen auf dem Söller steht und den Mirtl und seine

Gattin und Kinder festlich gekleidet mit den zwei Heng=
sten taleinwärts fahren sieht, so grüßt er sie schon von
weitem.

Wo fahren sie hin?

Drin im Gebirg ist ein Dorf und eine Kirche und ein
kleiner Gottesacker dabei, dort halten sie und pflanzen
Blumen auf ein Grab und geben einem alten, mühseligen
Weiblein Geld, damit es dieselben ferner pflege. Dann
setzt sich Mirtl mit den Seinen wieder auf das Gefährte
und läßt's weiter gehn — tiefer hinein in das Hoch=
gebirge. Der Weg ist holperig, und neben demselben
rauscht und schäumt der Waldbach. Endlich kommen sie
in ein enges Tal, wo das Wasser ruhig durch eine kleine
Wiese läuft und zwischen den Tannen ein Stück graues
Gemäuer steht.

Auf dem Gemäuer wächst wunderschöner blauer Enzian
und andres medizinisches Kraut. Davon pflückt sich der
Mirtl ab und nimmt mit ins große Tal hinaus. Es
soll gut sein. Auch der Baron Franz von Scharfental
braucht davon. Er kennt nunmehr in seinen alten Tagen
kein heilsameres Kraut, als diesen blauen Enzian von der
Stätte des Holzknechthauses.

NOTES

Page 3. — 8. Schmucknadel, *brooch, pin worn for ornament*. Here, of course, the *pine needles*. Note the exquisite beauty of the whole description of the forest.

18. wollte auch noch Gutes tun, *wanted to do its part*.

22. Wie war denn dem kleinen Acker, . . . ? *What was the intention of the small field . . . ?*

23. Rain, a strip of grass between two fields which serves as the boundary line. — Mirtl, dialect form for *Martin*.

4. — 2. Ihm war, *it felt*.

13. „lämmerlich". Lämmerliche Wolken are the fleecy clouds which denote a change of weather.

20. Kraxe, a portable framework carried on the back like a knapsack.

22. „Schlag", Holzschlag, the place where wood is cut.

25. schlägt Feuer, *strikes fire*, with flint and steel.

5. — 1. Almer, an Alpine song.

9. 's geht . . . kühl, *the wind is suddenly blowing up very cool*.

11. wird Euch schon zeitlang = Euch wird schon die Zeit lang, *time begins to hang heavy on you* (waiting for the return of the children). — Mutterl, dialect form for Mütterchen.

15. 'leicht, dialect form for vielleicht.

16. nit, dialect form for nicht.

20. Lahmkogel, the name of a mountain. In the Alps Kogel or Kofel is a colloquial designation for cone-shaped mountain peaks.

24. Hansl, *little John*. Dialect form for Hans which is derived from Jo-hannes. — Julerl, dialect form for Julie.

28. In einem fort, *continually*.

6. — 1. Jesus Maria, the beginning of a Catholic prayer for help or protection.

2. dann wurde ihm leichter, *then his heart grew lighter*.

3. es werde doch nicht sein, *it could not be so after all*, i.e., that his children were lost in the woods.

14. **Anbauer**, a peasant who settles on land belonging to another man and who, in return, must render service to the landowner.

19. **Heda!** An exclamation, *ho there! halloa!*

20. **ich werd' euch helfen**, *I'll teach you if you don't want to go home.*

21. **wann es Zeit ist**, *when it is time to go home.*

28. **wußten sich keinen Rat**, *did not know what to do.*

7. — 8. **weil ja ... gut war**, *because their father was again in good spirits.*

9. **es würde schlecht Wetter machen**, *indications were for bad weather.*

10. **dann werde es ... zum Holzen**, *there would be a good time for chopping wood this week.*

16. **Waberl**, dialect form for **Barbara**. — **denk auf den Oberen**, *think of God, our protector in all danger.* **Denken a u f** is dialect usage, the regular form is **denken a n**.

17. **Zellerkreuzl**, a small cross from Maria-Zell, a famous place of pilgrimage in Styria, which is visited each year by some hundred thousand pilgrims. In the church there is a picture of the Virgin dating from the year 1157, which is said to work miracles.

23. **ein Salz**, **etwas Salz**. **Ein** before a concrete noun expresses a part of the whole. Cf. **ein Brot** for **ein Stück Brot**.

24. **schau, daß dir nichts abgeht**, *be sure you have everything you need.*

26. **englischen Balsam**, angelica balsam, made from an herb which is called *angelic* on account of its supposed beneficent qualities.

29. **Bei Leib**, *upon my soul.*

8. — 3. **ich bin ... so sterben's erschrocken**, *I was frightened to death.*

4. **'s kann bald was sein**, *something might easily happen.*

5. **Niklo**, the sixth of December, sacred to Saint Nicholas. On the eve of this day a man dressed in the garb of a bishop appears at the houses and leaves gifts for the children who have been good. In some places the gifts are put in the children's shoes in order to surprise them in the morning.

6. **Lebzelten**, **Lebkuchen**, or **Pfefferkuchen**, German Christmas cakes.

12. **Kienspan**, a fire-stick of resinous pine with which to light fires. Also used as a light.

17. **die weißen Vögelchen**, *the snowflakes.*

19. **a = ein** (dialect form); **Schneewerl**, diminutive of **Schnee**. — **schneiben**, *to snow.*

NOTES

25. **Grießbeil**, a long pole with an iron hook at the end, used for handling logs. It somewhat resembles a canthook or peavey.

29. **Raitschlag** or **Holzschlag**, the place in the forest where wood is cut.

9. — 13. **Flankerln (Flanke)**, a piece of cloth fluttering in the air. Here the *snowflakes*.

16. **auf ihn vergessen**, dialect form for *jemand vergessen*.

10. — 1. **fühlte Frost**, *felt a chill, had caught cold*.

4. **Strohschaub. Schaub** (*sheaf*), a packet or bundle of straw or wood.

9. **Mürz**, a river which flows into the Mur at Bruck in Styria.

10. **Rait, Raitschlag**.

12. **Späne klieben**, to split the reeds or willow for the baskets.

15. **Der Hansl machte sich an die Großmutter**, *little John approached his grandmother*.

22. **draußen**, in the world outside of the little valley.

25. **Zell**. Cf. note 7, 17. — „**Ehrmesse**", the first mass which a young priest reads. Also known as **Primiz**. It is usually a fête-day for his family.

11. — 4. **Wurzelgraben**, *digging for herbs*.

7. **Walbrauch**, the resinous matter found in ant-hills. In *Waldferien* Rosegger explains that not only are the ant-eggs taken from the mounds, but also the bits of resinous matter. These are used by the peasants either for fumigation in times of sickness or as incense in their churches.

29. **der herrschaftliche Förster**, *the overseer of the baron's forest-lands*.

12. — 7. **Robot**, *villenage*. Menial service performed by tenants in return for the privilege of occupying the land belonging to a lord.

17. **Schlag, Raitschlag**. Cf. note 8, 29.

13. —1. **Ihr**. In many parts of Germany **Ihr** is considered the more respectful form for addressing one's parents.

4. **Es**, i.e. **Waberl**. Why „**es**"?

11. **Verkühlung**, *a cold*.

17. **Nur zur Not**, *only with difficulty*. — **ausfassen**, *to remove*.

21. **sickerte**, *trickled*.

24. **völlig**, here *at all*.

14. — 21. **daß ihr Sohn kommen möge**, *that she wanted her son to come*.

24. **Hitze**, *fever*.
27. **Josl**, *Joseph*.
15. — 1. **über Nacht war sie so geworden**, *she had fallen into this state overnight*.
3. **ein Schreckliches**, *misfortune*.
15. **in dem tiefsten Winter**, *in the midst of winter*.
18. **hatte man die gleiche Schneehöhe mit den Fenstern**, *one could see that the snow was on a level with the windows*.
16. — 11. **Gelt.** An interjection which assumes that your hearer agrees with you. It is frequently used in the Austrian, Swabian, and Bavarian dialects.
16 **'s geht alles gut aus**, *everything will turn out for the best*.
22. **Preißelbeerwasser**, *cranberry wine or brandy*.
24. **Jetzt ist mir besser**, *I am feeling better now*.
17. — 1. **'s wird doch wohl**, *everything will be all right*.
2. **nein, da wär ich aber froh!** *oh, how glad I would then be!* Nein is often used in colloquial speech as an interjection to express admiration, astonishment or joy.
18. — 7. **weil Waberl nicht sang.** Rosegger tells of cows which would give milk only when the milkmaid talked or sang to them. One cow would not allow herself to be milked unless the maid sang a peculiarly melancholy song known as „von Lazarus". All other attempts at milking she greeted with vigorous kicking.
19. **er**, i.e. **Mirtl**.
19. — 7. **hatte man ... drei Stunden**, *it was a good three hours' walk in summer*. Among country people it is customary to reckon distances by time rather than by miles.
17. **Herdlehne**, *the railing around the hearth*.
18. **stürmende Brust**, *wildly beating heart*.
20. — 2. **jubelte sie ... klagend entgegen.** Waberl's hysterical joy is well expressed by these seemingly contradictory words.
15. **'s hat ihn nit verschneit!** *he surely has not been snowed under, has he?*
26. **mit seinem hohen Federbusch**, an indication of the stranger's rank.
21. — 3. **blies die Glut an**, *blew the fire*, i.e. with bellows.
8. **neuer Schnee ... des Hasen Weh** (a proverb), because his tracks may more readily be distinguished.

10. **ein Tier**, *here a goat.*

16. **Sakramenter**, *the rascals.* — **Gab Euch ein gut Stück Arbeit**, *it was a pretty hard piece of work.* Observe the frequent use of the ethical dative to awaken Waberl's sympathy and interest. It is usually not to be translated.

17. **'rab**, i.e. **herab**.

23. **Mein Gott, hat unsre alte Mutter nit mehr braucht**, etc., *heavens, it did not take my old mother more than a quarter of an hour to reach it.*

25. **'raus**, i.e. **heraus**.

26. **Sakra!** i.e. **Sakrament**, *the deuce.*

29. **der zieht die Gefrür aus**, *that will draw out the frost.*

22. — 3. **wann**, *if.*

4. **Schneereif**, *snowshoes made of wood or wickerwork.*

5. **es werden aber schon meine Leut' kommen**, *but my men will surely come.*

12. **bekam's ihn**, *it came over him.*

23. — 14. **haufen**, *to grieve.*

24. — 6. **aufgelöft waren**, *were expressed.*

8. **schwere Träume**, *bad dreams.*

12. **War es wer immer**, *whoever it might be.*

19. **Will denn diese gottverdammte Nacht kein Ende nehmen?** *will this accursed night never come to an end?*

22. **ftand**, *had stopped.*

27. **Was habt Ihr denn schon wieder?** *what's the matter with you now?*

28. **ob's nicht Licht wird in diesem Loch?** *doesn't it ever grow light in this hole?*

25. — 28. „**blinde Kuh**", *blind man's buff.*

26. — 5. **wie es jetzt werden müsse**, *how things must be arranged now.*

17. **welche reich und zierlich beschlagen war**, *which was richly decorated with silver.*

18. **Dabei hing er seinen Gedanken nach**, *meanwhile he was lost in thought.*

25. **den andern Tag**, *the second day.*

28. **Firmpate**, *god-father.* The **Firmung** is a sacrament of the Roman Catholic and Greek churches which resembles the confirmation of the Protestant church only slightly. Children must be

between seven and twelve years of age when the **Firmung** occurs. Special god-parents are chosen for this occasion.

27. — 7. **sie würden ... bekommen,** *they would both get something nice later on.*

27. **Zu brauchen hätten wir schon was,** *we could easily make use of some of it.* The stranger must feel the unconscious reproach in her answer, for the right of hunting in many parts of Europe belongs to the nobility and the poor man who is caught in the act of poaching is severely punished.

28. — 12. **tat ... ein ... Gelöbnis,** *made a vow.*

29. — 1. **Es war ein freudiges Tagen!** *what a joyous daybreak it was!*

7. **war Euch vermeint gewesen,** *was intended for you.*

9. **und jetzt seid's mir gestorben,** *and now you have left me!*

29. **Er wäre alldort Todes gestorben,** *he would have died.*

30. — 2. **vulgo,** *commonly called.*

15. **obwohl er's nicht not hätte,** *although it is not necessary.*

22. **Für den Hof daheim sind schon noch Jüngere,** *there are younger children to take care of the farm.*

29. **Söller,** *a balcony.* From the Latin solarium, a terrace or roof exposed to the sun.

EXPLANATION

A small number of the most familiar words have been omitted, e.g. the articles, the most common pronouns, the verb *to be*, the numerals, proper nouns, as it is assumed that the student is quite familiar with these from his study of grammar.

Also the meaning of compound nouns is usually to be sought under the separate elements, but all troublesome compounds are given. It should be remembered that the form of the first element may be the nom. or gen. sing. or the gen. plur. With feminine nouns a gen. sing. in *s* often appears, thus Arbeitskraft, Liebesbrief.

Participial adjectives are not given apart from the verb, except where they have come to be felt as independent adjectives.

Nouns ending in chen and lein are listed without the diminutive ending. Neither are the comparative and superlative degrees of adjectives mentioned especially.

Separable prefixes of verbs are mentioned as such and are repeated with the verbs only where they have come to have a special meaning.

Adverbs, when readily derivable from adjectives, are not separately listed, nor, as a rule, infinitives used as nouns.

Separable words are indicated by the double hyphen. The principal parts of strong verbs are shown as follows: laufen, äu, ie, au, meaning that the infinitive is laufen, the second and third sing. of the pres. ind. läufst, läuft, the preterit lief, and the perfect participle gelaufen. The principal parts of strong compounds are to be sought under the simple verb.

The abbreviations used in the vocabulary are: *m.*, masculine; *f.*, feminine; *n.*, neuter; *s.*, strong verb; *w.*, weak verb.

VOCABULARY

A

A = ein; *see note to p.* 8, *l.* 19.
Abend, *m.* -s, -e, evening.
abends, in the evening.
aber, but, however.
ab=fallen, *s.* ä, ie, a, to fall off, drop off.
abgehärmt, careworn.
ab=gehen, *s.* e, i, a, to lack, go off, to deviate, be deficient.
abgekargt, stinted.
abgeschlossen, *see* **abschließen.**
abgespannt, worn out, tired out.
ab=pflücken, *w.* to pick.
ab=ringen, *s.* i, a, u, to wrest from.
ab=schließen, *s.* ie, o, o, to cut out, lock out.
Absturz, *m.* -es, -e, fall.
ach, ah! alas!
acht=geben, *s.* (e) i, a, e, to take care of, watch.
Acker, *m.* -s, -, field, acre.
ähnlich, similar.
Ahorn, *m.* -s, maple tree.
alldem, all of that.
alldort, there.
allein, *adj.* alone; *conj.* however.
allemal, always, at all times.
allereinzigstes, onliest.
allerhand, all kinds of.
alleweil, always.
allgewaltig, almighty, very impressive.
Almer, *m.* -s, —; *see note to p.* 5, *l.* 1.
als, *conj.* then, when, but, though; *after comp.* than.
alt, old, ancient.
Altar, *m.* -s, -e, altar.
Ameishaufen, *m.* -s, —, ant-hill.
an, *prep.* (*dat. and acc.*), *sep. pref. and adv.* at, on, in, to, along, toward, by, near.
an=bauen, *w.* to settle.
Anbauer, *m.* -s, —, pioneer, settler, farmer.
ander, other, second.
anders, otherwise, differently, in another way.
an=fahren, *s.* ä, u, a, to address harshly.
an=fangen, *s.* ä, i, a, to begin, start.
Angesprochene, *m.* -n, -n, the person spoken to.
an=gezogen, *pp.* dressed.
an=greifen, *s.* ei, i, i, to attack, lay hold of.
Angst, *f.* —, -e, fear.

VOCABULARY

an-halten, *s. ä, ie, a*, to continue.
an-heimeln, *w.* to put one in mind of home.
an-kommen, *s. o, a, o*, to depend upon, to arrive.
an-legen, *w.* to begin, lay out.
an-machen, *w.* to start (a fire).
an-ordnen, *w.* to order.
an-schauen, *w.* to look at, to investigate.
an-sehen, *s. ie, a, e*, to look upon, view.
an-strengen, *w.* to exert.
Antlitz, *m. -es, -e*, face.
Antwort, *f. —, -en*, answer, reply.
antworten, *w.* to answer.
an-zünden, *w.* to light.
Apfel, *m. -s, -*, apple.
Arbeit, *f. —, -en*, work, labor.
arbeiten, *w.* to work, labor.
Arbeiter, *m. -s, —*, laborer.
arbeitsam, diligent, hard-working.
arg, bad.
arm, poor.
Arm, *m. -s, -e*, arm.
Armut, *f. —*, poverty.
aß, *see* essen.
Ast, *m. -es, -e*, limb, branch.
Atem, *m. -s*, breath.
Atemholen, *n. -s*, breathing.
atemlos, breathless.
auch, *adv. and conj.* also, too, even, indeed, really.
auf, *prep. and sep. pref.* on, upon, to, for, at, toward.
auf-bleiben, *s. ei, ie, ie*, to remain up, sit up.

auf-blicken, *w.* to look up.
auf-fahren, *s. ä, u, a*, to start, become scared.
auf-gehen, *s. e, i, a*, to rise.
auf-haben, to wear.
auf-hören, *w.* to cease, stop.
auf-jubeln, *w.* to rejoice.
auf-lachen, *w.* to burst out laughing.
auf-legen, *w.* to place upon, lay on.
auf-lösen, *w.* to dissolve.
auf-nehmen, *s. i, a, o*, to take up, hire.
auf-regen, *w.* to excite, worry.
aufrichtig, honest, open.
auf-schreiben, *s. ei, ie, ie*, to write, set down.
auf-springen, *s. i, a, u*, to leap up.
auf-stehen, *s. e, a, a*, to rise, get up.
Aufwallen, *n. -s*, ebullition, emotion.
auf-wecken, *w.* to wake, rouse.
auf-ziehen, *s. ie, o, o*, to wind, draw up.
Auge, *n. -s, -en*, eye.
Augenblick, *m. -es, -e*, moment.
augenblicklich, immediately.
aus, *prep. and sep. pref.* out of, of, from, because of.
aus-bleiben, *s. ei, ie, ie*, to remain away, delay.
aus-fassen, *see note to p.* 13, *l.* 17.
ausgegangen, *see* ausgehen.
aus-gehen, *s. e, i, a*, to go out, to end.
aus-hauen, *w.* to hew out, thin out.

aus-löschen, *w.* to put out, extinguish.
aus-rufen, *s.* u, ie, u, to cry out, exclaim.
aus-ruhen, *w.* to rest.
aus-sehen, *s.* ie, a, e, to look, appear.
außen, outside.
aus-setzen, *w.* to expose.
aus-stoßen, *s.* ö, ie, o, to give vent to, cast out.
aus-toben, *w.* to cease raving, become calm.
Ausweg, *m.* -es, -e, outlet, escape.
aus-ziehen, *s.* ie, o, o, to undress, draw off.
Axt, *f.* —, ⸚e, ax, hatchet.

B

Bach, *m.* -es, ⸚e, brook.
Bahre, *f.* —, -en, bier, coffin.
bald, soon.
Balsam, *m.* -s, -e, balsam.
bang, afraid, fearful, anxious.
Bank, *f.* —, ⸚e, bench.
barg, *see* bergen.
Baron, *m.* -s, -e, baron.
bärtig, bearded.
Baßstimme, *f.* —, -en, bass voice.
bat, *see* bitten.
bauen, *w.* to build.
Bauernhof, *m.* -es, ⸚e, farm.
befassen, *w. refl.* to occupy oneself with.
befehlen, *s.* ie, a, o, to command.
befestigen, *w.* to make fast, fasten.

begann, *see* beginnen.
beginnen, *s.* i, a, o, to begin.
begleiten, *w.* to accompany.
begraben, *s.* ä, u, a, to bury.
begrenzen, *w.* to bound, define.
begriffen (sein), to be in the act of.
begrüßen, *w.* to greet.
behaglich, comfortable, at ease, cozy.
bei, *prep. and sep. pref.* by, with, at.
beisammen, together.
bekommen, *s.* o, a, o, to get, receive, seize.
bellen, *w.* to bark.
benötigen, *w.* to be in need of.
benützen, *w.* to make use of.
beraten, *s.* ä, ie, a, to counsel.
bereits, already.
Berg, *m.* -es, -e, mountain.
bergen, *s.* i, a, o, to hide, cover.
beruhigen, *w.* to quiet; *refl.* to become calm.
beschäftigt, busy, employed, occupied.
Beschäftigung, *f.* —, -en, occupation, task.
beschlagen, *s.* ä, u, a, to emboss, cover with.
beschließen, *s.* ie, o, o, to decide, come to the conclusion.
beschloß, *see* beschließen.
beschützen, *w.* to guard, protect.
Beschwerde, *f.* —, -n, trouble, difficulty, complaint.
Besen, *m.* -s, —, broom.
Besitzer, *m.* -s, —, owner.
besonders, especially.

besorgt, worried, anxious.
besprengen, w. to spray.
besser, better.
beten, w. to pray.
Bett, n. -es, -en, bed.
Bewohner, m. -s, —, inhabitant.
bieten, s. ie, o, o, to offer.
Bild, n. -es, -er, picture.
bilden, w. to form.
binden, s. i, a, u, to tie, bind.
bis, to, until, as far as.
Bischof, m. -s, -e, bishop.
bißchen, a little bit.
bitten, s. i, a, e, to ask, petition.
blasen, s. ä, ie, a, to blow.
Blatt, n. -es, -er, leaf.
blau, blue.
bleiben, s. ei, ie, ie, to stay, remain.
bleich, pale.
Blick, m. -es, -e, look, view.
blicken, w. to look.
blieb, see bleiben.
blies, see blasen.
blind, blind.
blühen, w. to bloom.
Blume, f. —, -n, flower.
Boden, m. -s, -, ground, floor.
böse, angry, bad, evil.
bot, see bieten.
brachte, see bringen.
Brand, m. -es, -e, fire.
Branntwein, m. -es, -e, brandy.
brauchen, w. to use, need.
braun, brown.
brechen, s. i, a, o, to break.
breit, broad.

brennen, s. e, a, a, to burn.
Brennholz, n. -es, firewood.
Brief, m. -es, -e, letter.
bringen, s. i, a, a, to get, bring, fetch.
Brot, n. -es, -e, bread.
Bruder, m. -s, -, brother.
Brust, f. —, -e, chest, breast.
Bund, m. -es, -e, bundle, pack, bunch.
bunt, gay, variegated.

C

Crucifix, n. -es, -e, crucifix.

D

da, adv. there; conj. when, as, since.
dabei, thereat, thereby, at, in that, in doing so.
Dach, n. -es, -er, roof.
dachte, see denken.
dagegen, against; (etwas) — haben, to have objections.
daheim, at home; das Daheim, home.
dahin, adv. and sep. pref. there, thither, gone.
dahin-sinken, s. i, a, u, to sink down.
da-liegen, s. ie, a, e, to lie there.
damit, in order that.
dämmern, w. to dawn, become dusk.
Dank, m. -es, thanks.
danken, w. to thank.

dann, there, thereupon; — und wann, now and then.
darauf, thereupon, thereon, on it.
daraus, out of this.
darstellen, *w.* to represent.
daß, that, so that, in order that.
dauern, *w.* to last; fort—, to keep on, continue.
dazu, *sep. pref.* to it, with it.
Decke, *f.* —, -n, ceiling.
denken, *s.* e, a, a, to think; nach—, to ponder, consider.
denn, *adv.* indeed, pray; *conj.* for, then.
derweil, meanwhile.
derweilen, *see* **derweil.**
deucht (mich), methinks, it seems to me.
dicht, thick, tight, dense, close.
dick, thick, heavy.
Ding, *n.* -es, -e, thing, object.
doch, *conj.* yet, still, but, though; *adv.* really, indeed, after all, none the less.
Donnerstag, *m.* -s, -e, Thursday.
doppelt, double.
Dorf, *n.* -es, -er, village, hamlet.
dort, there, yonder.
drang, *see* **dringen.**
draußen, without, outside.
drin, inside, in the interior.
dringen, *s.* i, a, u, to penetrate, reach.
drücken, *w.* to press, squeeze.
Duldung, *f.* —, toleration.
dumpf, dull, deep-sounding.
dunkel, dark.
durch, through, by means of.

dürfen, *w.* to be allowed to, dare.
Durst, *m.* -es, thirst.
düster, dark.
Dutzendmal, *n.* a dozen times.

E

eben, plain, smooth, level; *adv.* even, just now.
Ehre, *f.* —, -n, honor.
Ehrmesse, *f.* —, -n, mass of a special kind; *see note to p.* 10, *l.* 25.
ei, *exclam.* oh! ah!
eigen, own, peculiar, queer.
eigentlich, really, by rights.
eilen, *w.* to hurry, hasten.
ein, *sep. pref.* in.
ein-drücken, *w.* to impress.
(in) **einemfort,** continually.
Einfalt, *f.* —, simplicity.
ein-gehen, *s.* e, i, a, to enter into.
einmal, once, sometime; auf —, all at once; noch —, again.
einsank, *see* **ein-sinken.**
ein-schlafen, *s.* ä, ie, a, to go to sleep.
ein-schneien, *w.* to snow under, bury in the snow.
ein-sinken, *s.* i, a, u, to sink in.
ein-sperren, *w.* to lock up.
ein-stürzen, *w.* to cave in.
ein-treten, *s.* i, a, e, to enter.
einzeln, single, individual.
einzig, single, alone, one, only.
Eis, *n.* -es, -e, ice.
elegant, elegant, fine.
elendiglich, miserably.
endlich, finally.

eng, narrow, close.
Engel, m. -s, —, angel.
englisch, angelic.
entfallen, s. ä, ie, a, to fall out of.
entgegen-jubeln, w. to cry out at, rejoice at.
entgegen-sehen, s. ie, a, e, to look forward to.
entgegnen, w. to answer, respond.
entrichten, w. to pay, deliver.
entsinnen, s. i, a, o, to recollect, recall.
entspann, see entspinnen.
Enzian, m. -s, gentian.
erbauen, w. to build.
Erdapfel, m. -s, -̈, potato.
Erde, f. —, -n, earth, ground.
ereignen, w. refl. to happen.
Ereignis, n. -ses, -se, event.
ergeben, resigned, patient.
erhalten, s. ä, ie, a, to receive, obtain, keep, maintain.
erinnern, w. refl. to remember.
Erkältung, f. —, -en, cold.
erklären, w. to explain, declare.
erkundigen, w. to inquire.
erlauben, w. to permit, allow.
erleben, w. to live to see, experience.
erleichtern, w. to make lighter.
erlöschen, s. i, o, o, to give out, die out.
erlösen, w. to deliver, save.
ernähren, w. to nourish, support.
ernst, serious.
Erregung, f. —, -en, emotion, agitation.
erretten, w. to save, rescue.

Errettung, f. —, -en, rescue, deliverance.
erringen, s. i, a, u, to attain, obtain by a struggle.
erst, ord. first, foremost; adv. first, at first, only.
ertragen, s. ä, u, a, to bear.
erwachen, w. to awaken.
erwarten, w. to await.
Erwerb, m. -s, livelihood.
erzählen, w. to tell, relate.
essen, s. i, a, e, to eat.
Essen, n. -s, —, meal.
etwa, perhaps, approximately.

F

Fach, n. -es, -̈er, drawer, shelf.
fahren, s. ä, u, a, to drive.
Fall, m. -es, -̈e, fall; case, accident.
fallen, s. ä, ie, a, to fall.
Familie, f. —, -n, family.
Farbe, f. —, -n, color, hue.
färben, w. to color.
Farnkraut, n. -es, -̈er, fern.
Fassung, f. —, self-control.
Federbusch, m. -es, -̈e, plume.
fehlen, w. to be lacking.
feierlich, festive, solemn, ceremonial.
fein, fine, delicate.
Feld, n. -es, -er, field.
Fels, m. -en, -en, rock.
Fenster, n. -s, —, window.
fern, far off.
ferner, further, in the future.
fertig, finished, ready.

VOCABULARY

feſt, firm, tight.
feſtlich, in holiday fashion.
Feuer, n. -s, —, fire.
Fichte, f. —, -n, pine.
fielen, see fallen.
finden, s. i, a, u, to find.
Finger, m. -s, —, finger.
finſter, dark, sullen, moody, gloomy.
Firmpate, m. -n, -n, or f. —, -n, god-father or — -mother; see note to p. 16, l. 28.
flackern, w. to flare.
Flamme, f. —, -n, flame.
Flankerln, see note to p. 9, l. 13.
flattern, w. to flutter.
Flechte, f. —, -n, plait, braid.
flechten, s. i, o, o, to braid, plait, weave.
Flechtwerk, n. -es, -e, matwork, plaiting.
Fleck, m. -es, -e, spot.
flehen, w. to implore, beg.
Fleiſch, n. -es, meat.
fleißig, busy, industrious.
fließen, s. ie, o, o, to flow.
flocht, see flechten.
Flocke, f. —, -n, flake.
fluchen, w. to curse.
flüſtern, w. to whisper.
(in) Folge, on account of.
foltern, w. to torture.
formen, w. to form, shape.
förmlich, thoroughly.
Förſter, m. -s, —, forester.
fort, adv. and sep. pref. forth, away, gone.
fort-ſetzen, w. to continue.
fort-tragen, s. u, u, a, to carry off.
fortwährend, continually.
fragen, w. to ask.
Frau, f. —, -en, woman, wife, Mrs.
frei, free.
Freiherr, m. -n, -n, baron.
freilich, of course, indeed.
Freitag, m. -s, -e, Friday.
fremd, strange, foreign.
Freude, f. —, -n, joy, pleasure.
freudig, joyful, glad, cheerful, merry.
freundlich, friendly.
friſch, fresh, full of life.
froh, glad, happy.
fröhlich, glad, cheerful, joyous.
Froſt, m. -es, -e, frost.
froſtig, frosty.
fruchtbar, fertile.
früh, early; in aller Früh, very early.
Frühling, m. -s, -e, spring.
Frühſtück, n. -s, -e, breakfast.
Fuge, f. —, -n, crack.
fühlen, w. to feel.
fuhr auf, see auf-fahren.
für, for, by.
fürchten, w. refl. to fear, be afraid.
fürchterlich, fearful.
fußhoch, foot-high.
Fußtritt, m. -es, -e, footprint.
Futter, n. -s, feed.
Futterkammer, f. —, -n, room where the feed is stored.
füttern, w. to feed.

G

gab, *see* geben.
ganz, *adj.* whole, entire.
gar, quite, entirely, at all.
Garbe, *f.* —, -n, sheaf.
Garten, *m.* -s, ⸚, garden.
Gattentreue, *f.* —, conjugal fidelity.
Gattin, *f.* —, -nen, wife.
geben, *s.* ie, a, e, to give; acht —, to watch.
Gebet, *n.* -es, -e, prayer.
Gebirgsleute, *pl.* mountaineers.
Gebirgstal, *n.* -s, -er, mountain valley.
gebrochen, *see* brechen.
gebunden, *see* binden.
gedachte, *see* gedenken.
Gedanke, *m.* -ns, -n, thought, idea.
Gedeihen, *n.* -s, flourishing condition.
gedenken, *s.* e, a, a, to think of.
Gedenken, *n.* -s, remembrance.
Gefahr, *f.* —, -en, danger.
Gefährt, *n.* -s, -e, vehicle.
Gefolge, *n.* -s, the followers.
gefunden, *see* finden.
gegen, against, at, contrary to, about, towards.
Gegend, *f.* —, -en, vicinity, region.
Gegenstand, *m.* -s, ⸚e, object.
Gehäuse, *n.* -s, —, case.
gehen, *s.* e, i, a, to walk.
gehören, *w.* to belong to.

gelb, yellow.
Geld, *n.* -es, -er, money.
Gelegenheit, *f.* —, -en, chance.
gelitten, *see* leiden.
Gelöbnis, *n.* -ses, -se, promise, vow.
gelt, *interj.* what do you say? how about it?
Gemälde, *n.* -s, —, painting.
Gemäuer, *n.* -s, —, wall, masonry.
gemeinsam, common.
Gemüse, *n.* -s, —, vegetable.
Gemüt, *n.* -s, -er, heart, spirit, soul.
gemütlich, pleasant, agreeable, comfortable.
genommen, *see* nehmen.
geringelt, curled.
gern, gladly, willingly; — haben, to like, love.
Geschäft, *n.* -es, -e, business.
geschehen, *s.* ie, a, e, to happen, occur.
Geschichte, *f.* —, -en, story, affair.
geschickt, skilful, nimble.
geschieht, *see* geschehen.
Gesicht, *n.* -es, -er, face, countenance, features.
gesprochen, *see* sprechen.
Gestalt, *f.* —, -en, figure, form.
Gestein, *n.* -s, -e, stones.
gestiegen, *see* steigen.
gestorben, *see* sterben.
Gesträuch, *n.* -es, -er, shrubbery, brushwood.
gesund, healthy.
gesunken, *see* sinken.
getan, *see* tun.

VOCABULARY

getrauen, *w.* to dare.
Gewehr, *n.* –es, -e, gun.
gewinnen, *s.* i, a, o, to win.
Gewitter, *n.* –s, —, thunderstorm.
Gezwitscher, *n.* –s, —, twittering.
gierig, eager, greedy.
ging, *see* gehen.
glänzen, *w.* to glitter, shine brightly.
Glas, *n.* –es, ⸗er, glass.
glauben, *w.* to believe.
gleich, *adj.* like, equal; *adv.* immediately.
gleichmäßig, even, regular.
Glied, *n.* –es, -er, limb, member, part.
glimmern, *w.* to glimmer.
Glück, *n.* –es, luck, fortune.
glühen, *w.* to glow.
Glut, *f.* —, -en, glow, smoldering ashes.
Gold, *n.* –es, gold.
Gott, *m.* –es, God.
Gottesacker, *m.* –s, ⸗, cemetery.
gottverdammt, cursed.
Grab, *n.* –es, ⸗er, grave.
graben, *s.* ä, u, a, to dig; um—, to spade up, break ground.
grämen, *w.* to worry.
Gras, *n.* –es, ⸗er, grass.
gräßlich, horrid, terrible.
grau, gray.
Grauen, *n.* –s, shudder, horror.
greifen, *s.* ei, i, i, to take hold of, grasp.
Greisin, *f.* —, -nen, old woman.
Griesbeil, *see note to p.* 8, *l.* 25.

Groschen, *m.* –s, —, small German coin.
groß, big, great.
Großmutter, *f.* —, ⸗, grandmother.
grün, green.
Grund, *m.* –es, ⸗e, ground, earth, bottom; cause, reason.
grüßen, *w.* to greet.
gut, good, kind.
Gutsbesitzer, *m.* –s, —, landowner, landed proprietor.

H

Haar, *n.* –es, -e, hair.
haben, hat, hatte, gehabt, to have.
Hafen, *m.* –s, ⸗, port.
Haft, *f.* —, -en, prison term.
Hagebuttenstrauch, *m.* –es, ⸗e(r), wild brier bush.
halb, half, almost.
Hals, *m.* –es, ⸗e, neck.
halsen, *w.* to embrace.
halt, just, to be sure.
halten, *s.* ä, ie, a, to stop; sich verborgen —, to hide.
Hammer, *m.* –s, ⸗, hammer, iron mill.
Hand, *f.* —, ⸗e, hand.
hangen, *s.* ä, i, a, to hang.
hängen, *w.* to hang, place.
hart, hard.
haschen, *w.* to grab.
Hase, *m.* -n, -n, rabbit, hare.
Haube, *f.* —, -n, hood.
hauchen, *w.* to breathe, whisper.
Haupt, *n.* –es, ⸗er, head.

VOCABULARY

Haus, *n.* –es, –er, house, home; —wesen, household; nach —e, home; zu —e, at home.

Hausierhandel, *m.* –s, –⸗, pedler's trade.

he, ha! hey!

heben, *s.* e, o, o, to lift, raise, pick up.

Heil, *n.* –s, salvation.

heilig, holy.

heilsam, wholesome.

heim, home, homewards.

heiraten, *w.* to marry.

heiß, hot.

heiter, gay, jolly; clear.

helfen, *s.* i, a, o, to help.

hell, light, clear.

Hengst, *m.* –es, –e, stallion.

herab, *sep. pref.* down.

heraus, *sep. pref.* out.

heraus-putzen, *w.* to put into fine condition.

heraus-ziehen, *s.* ie, o, o, to draw out, extract.

Herd, *m.* –es, –e, hearth, fire-place.

Herdlehne, *f.* —; *see note to p.* 19, *l.* 17.

herein, *sep. pref.* in, into.

herein-lugen, *w.* to look into, peep into.

hernach, afterwards.

hernieder, *sep. pref. and adv.* down.

Herr, *m.* –n, –en, lord, master, Mr.

herrenlos, without a master, stray.

Herrgott, *m.* –es, God.

herrschaftlich, belonging to the lord, manorial.

herrschen, *w.* to reign.

herüber, *sep. pref. and adv.* across, from over there.

herum, *sep. pref. and adv.* round, about.

herum-streichen, *w.* to roam about.

hervor, *sep. pref. and adv.* forth, forward.

hervor-brechen, *s.* i, a, o, to break out of, come out of.

Herz, *n.* –ens, –en, heart.

Herztausendschatz, *m.* –es, –e, dearest sweetheart.

heuer, this year.

heute, today.

hielt, *see* halten.

hier, here.

Hilfe, *f.* —, –n, help.

Himmel, *m.* –s, —, sky, heavens, heaven.

hin, *sep. pref.* down, before.

hinauf, *sep. pref.* up, upwards.

hinaus, *sep. pref.* out, hence.

hindurch, *sep. pref.* through.

hinein, *sep. pref.* in, into.

hin-gehören, *w.* to belong, be in place.

hingesunken, *see* sinken.

hinten, behind, in back of.

hinter, *sep. pref. and prep.* behind, back of, after, down.

hin-ziehen, *s.* ie, o, o, to draw; *refl.* to be spread out.

hinzu-setzen, *w.* to add.

Hitze, *f.* —, heat, fever.

hob, *see* heben.//
hoch, high, tall, lofty.//
Hochwald, *m.* –es, ⸗er, forest of old trees.//
Hof (Bauern-), *n.* –es, ⸗e, farm, estate.//
Hoffnung, *f.* —, –en, hope.//
Hohn, *m.* –es, mockery.//
höhnen, *w.* to mock.//
hold, kind, lovely, sweet.//
holen, *w.* to fetch.//
Höllengestöber, *n.* –s, very severe storm.//
Hollunderthee, *m.* –s, elder tea.//
holperig, rough.//
Holz, *n.* –es, wood; —knecht, woodcutter; —kohle, charcoal; —leute, lumber-jacks; —schnitt, woodcut; —stückchen, small piece of wood.//
Holzen, *n.* –s, chopping the wood.//
horchen, *w.* to listen.//
hören, *w.* to hear.//
Hügel, *m.* –s, —, hill.//
hüllen, *w.* to wrap up, conceal.//
Hund, *m.* –es, –e, dog.//
hüpfen, *w.* to leap.//
Hut, *m.* –es, ⸗e, hat.//
Hütte, *f.* —, –n, hut, cabin, cottage.//

J

immer, still, always.//
in, in, into.//
indem, while, as, when; meanwhile.//
ineinander, into one another.//
innen, within, inside, indoors.//
irgendwo, anywhere.//

J

ja, yes, why, you know, to be sure, indeed.//
Jagdkleidung, *f.* —, –en, hunter's clothes.//
Jäger, *m.* –s, —, hunter.//
Jägerei, *f.* —, –en, hunting.//
Jahr, *n.* –es, –e, year.//
jammern, *w.* to sob, lament.//
jeder, jede, jedes, each, every one, all; each one, everybody.//
jenseits, beyond, on the other side.//
jetzt, now.//
Joppe, *f.* —, –n, jacket.//
jubeln, *w.* to rejoice, cry out.//
jung, young.//
Juni, *m.* –s, June.//

K

kahl, bare, leafless, naked.//
kalt, cold.//
kam, *see* kommen.//
Kamm, *m.* –es, ⸗e, comb, ridge.//
Kanal, *m.* –s, ⸗e, canal, channel.//
karg, short, sparse.//
Kartoffel, *f.* —, –n, potato.//
Kasten, *m.* –s, —, box.//
kauern, *w.* to kneel, crouch.//
kaufen, *w.* to buy.//
kaum, hardly.//
kehren, *w.* to sweep.//

VOCABULARY

Keim, m. -8, -e, seed, germ.
kennen, s. e, a, a, to know.
Kienspan, m. -8, -e, pine-splinter, fire-stick; *see note to p.* 8, *l.* 12.
Kind, n. -es, -er, child.
Kirche, f. —, -n, church.
klaftertief, fathom deep.
klagen, w. to lament, complain.
klar, clear.
Kleid, n. -es, -er, dress; *pl.* clothes.
kleiden, w. to dress, clothe.
klein, little, small.
Kleinen, *pl.* the children.
klieben, s. ie, o, o, to cleave, split.
klirren, w. to rattle.
klopfen, w. to knock.
Knabe, m. -n, -n, boy.
Knebelbart, m. -es, -e, mustache.
Knecht, m. -es, -e, hired man, helper.
Knie, n. -8, -e, knee.
Kohle, f. —, -n, coal.
kommen, s. o, a, o, to come.
können, s. a, o, o, to be able; hinein—, to be able to get into.
Kopftuch, n. -es, -er, head-cloth, kerchief.
Korb, m. -8, -e, basket; Näh—, sewing basket; Strick—, knitting basket.
Korn, n. -8, rye, grain.
Kost, f. —, rations, food.
krank, sick.
Kraut, n. -es, -er, herb.
Kräutersalbe, f. —, -n, salve of herbs, herb-ointment.

Krage, f. —, -n; *see note to p.* 4, *l.* 20.
Kreuz, n. -es, -e, cross, crucifix.
kriegen, w. to get, receive.
Krone, f. —, -n, crown.
Küche, f. —, -n, kitchen.
Kuh, f. —, -e, cow.
kühl, cool.
kühlen, w. to cool.
Kummer, m. -8, —, sorrow, worry.
Künstler, m. -8, —, artist.
Kuß, m. -es, -e, kiss.
küssen, to kiss.

L

lächeln, w. to smile.
lachte, *see* auflachen.
lag, *see* liegen.
Lage, f. —, -n, position.
Lager, n. -8, —, bed, layer.
Lahmkogel, m. -8, —, reclaimed land.
lämmerlich, lamblike, dappled *or* fleecelike; *see note to p.* 4, *l.* 13.
lang, long.
langen, w. to reach, grasp.
langsam, slow.
längst, long ago.
lassen, s. ä, ie, a, to allow, permit.
Last, f. —, -en, load.
laufen, äu, ie, au, to run.
laut, loud.
Laut, m. -es, -e, sound.
lauten, w. to sound, read.

Leben, n. -s, —, life.
lebendig, alive.
Lebensmittel, n. -s, —, supplies, articles of food.
legen, w. to place, put.
Lehne, f. —, -n, rail, banister.
lehnen, w. to lean.
Lehnstuhl, m. -s, -̈e, armchair.
Leib, m. -es, -er, body.
Leiche, f. —, -n, corpse.
leicht, light, easy, swift, slight.
'leicht, see vielleicht.
leiden, s. ei, i, i, to suffer.
leise, soft, gentle, low.
leiten, w. to lead.
letzte, last.
letzterer, the latter.
Leute, pl. the people, followers.
licht, light, clear.
Licht, n. -es, -er, light.
Lid, n. -es, -er, (eye)lid.
lieb, dear, kind.
Liebe, f. —, love.
lief, see laufen.
liegen, s. ie, a, e, to lie.
Linnen, n. -s, linen cloth.
Lippe, f. —, -n, lip.
lispeln, w. to lisp, whisper.
Lob, n. -s, praise.
Loch, n. -es, -̈er, hole.
Locke, f. —, -n, lock.
locker, loose.
Lodenjoppe, f. —, -n, fur jacket.
Lodenrock, m. -es, -̈e, shag coat.
Lohn, m. -es, -̈e, wages, reward.
löschen, see auslöschen.
lustig, jolly.

M

machen, w. to make, do.
Mädchen, n. -s, —, girl.
Magd, f. —, -̈e, maid.
mahnen, w. to admonish.
Mai, m. -s, May.
man, one (*impersonal*).
manch, many a, some.
mannstief, as deep as a man.
Mantel, m. -s, -̈, mantle, cloak, garb.
Märchen, n. -s, —, fairy tale.
marsch, *interj.* march! hurry!
Masse, f. —, -n, mass.
mäuschenstill, as quiet as a mouse.
medizinisch, medical.
Mehl, n. -s, flour, meal.
Mehlsack, m. -s, -̈e, sack of flour.
mehr, more; any longer.
meinen, w. to think, believe, mean, opine, say.
melken, s. i, o, o, to milk.
Melkerin, f. —, -nen, milker.
Mensch, m. -en, -en, man, human being.
menschlich, human, humane.
merken, w. to notice.
merkwürdig, remarkable.
Milch, f. —, milk.
Million, f. —, -en, million.
mißmutig, ill-tempered.
mit, *sep. pref. and prep.* with, together with, along with.
mitsammen, together.
Mittag, m. -s, -e, noon, noon meal.

mitten, in the midst of.
Mitternacht, f. —, -e, midnight.
mittlerweile, in the meantime, meanwhile.
mitunter, once in a while.
mögen, s. a, o, o, to like to, love.
molk, see melken.
Mond, m. -es, -e, moon.
Mooseppich, m. -s, -e, carpet of moss.
Morgen, m. -s, —, morning; —röte, dawn.
morgen, tomorrow.
müde, tired.
Mühle, f. —, -n, mill.
mühselig, careworn.
Müller, m. -s, —, miller.
Mund, m. -es, -er, mouth.
murmeln, w. to murmur.
müssen, s. u, u, u, to be required to, must.
Mutter, f. —, -, mother, good old woman, dame.

N

na, interj. well!
nach, sep. pref. and prep. after, according to.
Nachdonnern, n. -s, echoing thunder.
nach-hangen, s. ä, i, a, to dwell on.
nach-lassen, s. ä, ie, a, to calm, abate.
Nachmittag, m. -s, -e, afternoon.
nächste, next.
Nacht, f. —, -e, night.

nächtlich, nocturnal.
nahe, near, close by.
Name, m. -ns, -n, name.
naß, wet.
Nässe, f. dampness, moisture.
Nebel, m. -s, —, fog.
neben, by the side of, next to.
Nebenfensterchen, n. -s, —, side-window.
nehmen, s. i, a, o, to take.
nein, no.
nennen, s. e, a, a, to call.
nett, neat, pretty, nice.
neu, new, anew, again.
nicht, not.
nichts, nothing.
nie, never.
nieder, sep. pref. down.
Niklo, see note to p. 8, l. 5.
nimm, see nehmen.
nirgends, nowhere.
nit, see nicht, also note to p. 5, l. 16.
noch, yet, as yet, still, even.
Not, f. —, -e, sorrow, distress, need; — haben, to be in need, need; zur —, hardly.
nun, adv. now; interj. well! why!
nunmehr, now, from now on.
nur, only.

O

ob, whether, though, if.
obdachlos, unsheltered, homeless.
oben, above.
Obere, m. -n, the Heavenly Father, the One above.

Oberförster, *m.* -s, —, head forester.
obwohl, although.
oder, or.
Ofen, *m.* -s, -, stove.
offen, open.
öffnen, *w.* to open.
oft, often.
ohne, without.
Ohr, *n.* -es, -en, ear.
opfern, *w.* to sacrifice.
ordentlich, thoroughly.
ordnen, *w.* to put in order; *see* anordnen.

P

paar, a few.
Paar, *n.* -es, -e, pair.
Paradies, *n.* -es, paradise.
Patin, *f.* —, -nen, god-mother.
Pfad, *m.* -es, -e, path.
Pfahl, *m.* -es, -e, pillar.
Pfanne, *f.* —, -n, pan.
Pfeife, *f.* —, -n, pipe.
pfeifen, *s.* ei, i, i, to whistle.
pflanzen, *w.* to plant.
pflegen, *w.* to tend, care for, nurse.
pflücken, *see* abpflücken.
plaudern, *w.* to talk, chatter.
plötzlich, sudden.
Polster, *n.* -s, —, cushion, pad.
Prachtgemach, *n.* -es, -er, magnificent apartment.
prächtig, splendid.
Preißelbeere, *f.* —, -n, cranberry.
Preißelbeerwasser, *n.* -s, cranberry brandy.
Primiz, *see note to p.* 10, *l.* 25.
pritschlnaß, wet as an old hen.
prüfen, *w.* to test.
Pulver, *n.* -s, —, powder.

R

raffen, *w.* to snatch, pick up; sich auf—, to rise suddenly, get up.
Rain, *m.* -es, -e, border, edge, verge; *see note to p.* 3, *l.* 23.
Raitschlag, *see notes to p.* 4, *l.* 22, *and p.* 8, *l.* 29.
Rand, *m.* -es, -er, edge, brink.
rang, *see* ringen.
rannte, *see* rennen.
rasen, *w.* to rave.
Rat, *m.* -es, advice, council; sich — wissen, to know what to do.
raten, *s.* ä, ie, a, to counsel, advise; das Raten, advice.
Rauch, *m.* -es, smoke.
rauchen, *w.* to smoke.
Rauchfang, *m.* -es, -e, chimney.
rauh, rough.
'raus, *see* heraus.
rauschen, *w.* to rustle, roar.
rechnen, *w.* to estimate, compute.
recht, right, real, well.
rechts, to the right, at the right.
rechtschaffen, just, upright, honest; *see note to p.* 5, *l.* 10.

regelmäßig, regular.
Reh, n. -s, -e, roe.
reiben, s. ei, ie, ie, to rub.
reich, wealthy, rich.
reichen, w. to reach, pass, hand.
rein, clean.
reißen, s. ei, i, i, to tear.
rennen, s. e, a, a, to run.
retten, w. to save.
rief, see rufen.
Riegel, m. -s, —, bolt.
Rinde, f. —, -n, bark.
Rindendach, n. -es, -er, roof of bark.
Ringelform, f. —, -en, shape of a ringlet, ringlets.
ringeln, w. to curl.
ringen, s. i, a, u, to wring, wrestle.
Robot, m. -s, compulsory service.
Rock, m. -es, -e, coat.
Rosenfinger, m. -s, —, rosy fingers.
rosig, rosy.
Roß, n. -es, -e, horse.
rot, red.
rücken, w. to move.
Rückseite, f. —, -n, back side.
rückwärts, backwards, behind.
Ruf, m. -es, -e, call, cry, report.
rufen, s. u, ie, u, to call, cry.
Ruhe, f. —, rest.
ruhen, w. to rest, sleep.
ruhig, quiet, calm, restful.
Runde, f. —, -n, round.
Rute, f. —, -n, whip, switch.
rütteln, w. to shake.

S

's = es.
sah, see sehen.
Sache, f. —, -n, thing.
Sackuhr, f. —, -en, watch.
sagen, w. to say.
sakra, see note to p. 21, l. 26.
Sakramenter, see note to p. 21, l. 16.
Salz, n. -es, -e, salt.
Samen, m. -s, —, seed.
sammeln, w. to gather.
Samstag, m. -s, Saturday.
sang, see singen.
sank, see sinken.
saß, see sitzen.
satt, satisfied, satiated.
Sauerteig, m. -s, -e, leavened dough.
schade (sein), to be too bad.
Schaden, m. -s, -, damage.
schaffen, s. a, u, a, to create, put.
Schale, f. —, -n, dish.
schärfen, w. to sharpen.
schauen, w. to look.
schauerlich, gruesome.
schäumen, w. to foam.
Schein, m. -es, -e, glittering, shine.
scheinen, s. ei, ie, ie, to shine.
schelmisch, waggish; slyly.
scherzen, w. to joke.
schicken, w. to send.
Schicksal, n. -s, -e, fate.
schief, slanting, crooked, awry, sloping.

Schiefer, m. -s, —, slate.
schier, almost.
schießen, s. ie, o, o, to shoot.
schimmern, w. to glitter.
Schlaf, m. -es, sleep.
schlafen, s. ä, ie, a, to sleep.
Schlag, m. -es, ⸚e, lumber-camp.
schlagen, s. ä, u, a, to strike, cut down.
schlecht, bad, wicked.
schleichen, s. ei, i, i, to sneak, steal away.
Schloß, n. -es, ⸚er, castle.
Schlucht, f. —, -en, gorge.
schluchzen, w. to sob.
schlug, see schlagen.
schlummern, w. to slumber.
Schmalzbutte, f. —, -n, small cask of butter *or* lard.
schmecken, w. to taste.
Schmerz, m. -es, -en, sorrow.
schmiegen, *refl.* to cling (an, to), press to.
Schmuck, m. -es, ornament, dress, attire.
Schmucknadel, f. —, -n, dress-pin; *see note to p.* 3, *l.* 8.
schmunzeln, w. to smile, smirk.
Schnaps, m. -es, whisky.
Schnee, m. -s, snow; —fall, snow fall; —grab, snow grave; —höhe, height of the snow; —masse, mass of the snow; —reif, snowshoe.
schneien, w. to snow.
schnitzen, w. to carve, cut.
Schnurrbart, m. -s, ⸚e, mustache.

schon, already, yet, surely, certainly, even.
schön, pretty, beautiful.
Schoß, m. -es, ⸚e, lap.
schrecklich, horrible, dreadful.
Schreckniß, n. -ses, -se, horror.
Schrei, m. -es, -e, cry.
schreiben, s. ei, ie, ie, to write.
schreien, s. ei, ie, ie, to call, cry.
Schritt, m. -es, -e, step.
Schuh, m. -es, -e, shoe.
Schuß, m. -es, ⸚e, shot; Not—, distress signal.
schütteln, w. to shake, quiver.
schützen, w. to protect.
schutzlos, unguarded, unprotected.
schwach, weak.
schwanken, w. to stagger.
schwarz, black.
Schwarzwälderuhr, f. —, -en, clock made in the Black Forest.
Schweigen, n. -s, silence.
Schweiß, m. -es, sweat.
schwer, heavy.
Schwester, f. —, -n, sister.
Schwiegertochter, f. —, ⸚, daughter-in-law.
sehen, s. ie, a, e, to see.
seit, since; for.
seitdem, since.
selbst, even.
selig, blissful.
setzte, see hinzusetzen.
seufzen, w. to groan.
sichtbar, visible.
singen, s. i, a, u, to sing.

sinken, *s.* i, a, u, to sink.
sinnen, *s.* i, a, o, to reflect, ponder, consider, think.
sitzen, *s.* i, a, e, to sit.
so, in this way, so, as.
sogar, even, very.
Sohn, *m.* -es, ⸚e, son.
solch, such.
sollen, *w.* shall; it is said, they say.
Söller, *m.* -s, —, balcony.
Sommer, *m.* -s, —, summer.
sondern, but.
Sonne, *f.* —, -n, sun.
Sonnenuntergehen, *n.* -s, sunset.
sonst, otherwise, else, formerly, before.
Sonntag, *m.* -s, -e, Sunday.
Sorge, *f.* —, -n, worry, care.
sorglich, careful, anxious.
Span, *m.* -es, ⸚e, chip, splinter, fire-stick.
sparsam, economical.
Spaß, *m.* -es, ⸚e, fun, joke.
spät, late.
spenden, *w.* to spend.
spielen, *w.* to play.
spitzig, pointed, sharp.
sprachlos, speechless.
sprang, *see* aufspringen.
sprechen, *s.* i, a, o, to speak.
Spur, *f.* —, -en, trail.
spüren, *w.* to notice, feel.
Stall, *m.* -es, ⸚e, stable, stall.
Stamm, *m.* -es, ⸚e, trunk.
standen, *see* stehen.
starb, *see* sterben.

stark, strong.
stärken, *w.* to strengthen.
starr, straight, steady.
starren, *w.* to stare.
statt, instead of, in place of.
Stätte, *f.* —, -n, place, spot.
stattlich, stately.
Staub, *m.* -es, dust.
stecken, *w.* to place, put, stick.
stehen, *s.* e, a, a, to stand.
steigen, *s.* ei, ie, ie, to climb.
Stein, *m.* -es, -e, stone, pebble.
Stelle, *f.* —, -n, place, spot.
stellen, *w.* to place.
sterben, *s.* i, a, o, to die.
sterbens, deathly.
Stern, *m.* -es, -e, star.
stieß, *see* anstoßen.
still, quiet, calm, peaceful, silent.
Stimme, *f.* —, -n, voice.
Stirn, *f.* —, -en, forehead.
Stock, *m.* -es, ⸚e, cane, stick.
stolz, haughty, proud.
strahlen, *w.* to shine.
streicheln, *w.* to stroke, pet.
streng, severe.
Stroh, *n.* -es, straw; —polster, *n.* -s, —, pillow of straw; —schaub, *m.* -es, -e, straw sheaf.
Stube, *f.* —, -n, room.
Stück, *n.* -es, -e, piece, part, portion.
Stuhl, *m.* -es, ⸚e, chair.
stumm, silent.
Stümpfchen, *n.* -s, —, stump.
Stunde, *f.* —, -n, hour.
stürmen, *w.* to storm.

stürzen, *w.* to rush.
suchen, *w.* to seek.
Suppe, *f.* —, -n, soup.
süß, sweet.

T

Tabak, *m.* -es, tobacco.
Tag, *m.* -es, -e, day.
täglich, daily.
Tal, *n.* -es, ⸚er, valley, dale.
taleinwärts, down the valley.
Tanne, *f.* —, -n, fir.
tanzen, *w.* to dance.
tausendmal, a thousand times.
Teufel, *m.* -s, —, devil.
ticken, *w.* to tick.
tief, deep.
Tier, *n.* -es, -e, animal.
Tisch, *m.* -es, -e, table.
Tochter, *f.* —, ⸚, daughter.
Tod, *m.* -es, death.
Ton, *m.* -es, ⸚e, tone.
Tosen, *n.* -s, storming, rushing.
tot, dead.
töten, *w.* to kill.
Trage, *f.* —, -n, carrier.
tragen, *s.* ä, u, a, to carry, wear.
Träne, *f.* —, -n, tear.
trank, *see* trinken.
Traum, *m.* -es, ⸚e, dream.
träumen, *w.* to dream.
traurig, sad.
treiben, *s.* ei, ie, ie, to drive, pursue, carry on, grow.
trennen, *w.* to separate.
treu, faithful.
trinken, *s.* i, a, u, to drink.

trocken, dry.
Tropfen, *m.* -s, —, drop.
Trost, *m.* -es, comfort.
trostlos, disconsolate.
trüb, dim, sad, dark.
Tuch, *n.* -es, ⸚er, cloth.
tüchtig, strong, able.
tun, *s.* u, a, a, to do, put.
Tür, *f.* —, -en, door.

U

über, *sep. pref., adv., and prep.* over, above, beyond, more than.
über-decken, *w.* to cover.
Überfluß, *m.* -es, luxury, opulence.
über-nehmen, *s.* i, a, o, to take over, undertake.
Überraschung, *f.* —, -en, surprise.
Uhr, *f.* —, -en, clock, watch.
um, *sep. pref., prep., and adv.* around, about; for, because of; by, near; — ... zu, in order that.
umfassen, *w.* to clasp.
um-gehen, *s.* e, i, a (mit etwas), to use.
umher, *sep. pref. and adv.* round, about, round about.
umher-irren, *w.* to wander.
um-kommen, *s.* o, a, o, to perish.
umschlingen, *s.* i, a, u, to embrace.
umsonst, in vain.
Umstand, *m.* -es, ⸚e, circumstance.
unberechenbar, incomputable, incalculable.

und, and.
uneben, uneven; nicht —, not bad.
unendlich, endless.
ungeheuer, enormous.
ungewohnt, unaccustomed.
Unglück, n. -es, -e, misfortune.
Unmasse, f. —, -n, large mass.
unmöglich, impossible.
unmutig, angry, discouraged.
unruhig, restless.
unschuldig, innocent.
unsereins, one of us.
unter, sep. pref. and prep. under.
unterhalten, s. ä, ie, a, to entertain.
untersuchen, w. to investigate.
unterwegs, on the way, en route.
unwohl, not well, sick.
unzusammenhängend, disconnected.
urbar, cultivated, fit for tillage.
Urkunde, f. —, -n, document, deed.

V

Vater, m. -s, -, father.
Vaterunser, n. -s, —, Lord's Prayer.
verbergen, s. i, a, o, to hide, cover.
verblichen, dead.
verborgen, hidden.
verbrauchen, w. to use, consume.
verbrennen, s. e, a, a, to burn.
verdammt, damned, confounded.
verderben, s. i, a, o, to perish.
Verehrung, f. —, -en, veneration, adoration.

vereinigen, w. to unite.
verfroren, frozen up.
vergebens, in vain.
vergessen, s. i, a, e, to forget.
Vergnügen, n. -s, —, joy.
verhüllen, w. to cover.
verhungern, w. to starve.
verirren, w. to lose oneself.
verkünden, w. to announce.
verlassen, s. ä, ie, a, to leave.
verlieren, s. ie, o, o, to lose.
verlöschen, s. i, o, o, to die out; w. extinguish.
vermeinen, w. to think.
verpflichten, w. to oblige, bind.
verpuffen, w. to blaze away.
versäumen, to miss, neglect.
verschieden, various, different, several.
verschiedenartig, various, different.
verschlingen, s. i, a, u, to swallow; (ineinander) to interlace.
verschneien, w. to snow under.
verschwenden, w. to waste.
versichern, w. to assure.
versorgen, w. to take care of.
Versuch, m. -es, -e, attempt.
versuchen, w. to try, attempt.
verwehen, w. to blow under.
verweht, under a snowdrift.
verwundern, w. to be surprised.
verzehren, w. to consume, eat.
Vetter, m. -s, -n, cousin.
viel, much, many.
vielleicht, perhaps.
Viertelstunde, f. —, -n, quarter of an hour.

Vogel, m. -s, -, bird.
voll, full, whole, complete; *with gen.* full of.
völlig, whole, entire.
vollständig, entirely.
von, of, from, by, with, about.
vor, *sep. pref. and prep.* before, in front of, against.
Vorboden, m. -s, -, hall.
Vorhaus, n. -es, -er, hall, entrance hall.
vorig, last, previous.
vor-kommen, s. o, a, o, to seem, strike; happen.
Vorteil, m. -es, -e, advantage, profit.
vortrefflich, excellent, fine.
vorüber, past.

W

wach, awake.
Wacholderstrauch, m. -es, -e, juniper bush.
wachsen, s. ä, u, a, to grow.
Wachsstock, m. -es, -e, wax candle; —licht, n. -es, -er, wax light.
wacker, hearty.
wagen, w. to dare.
wahnsinnig, raving.
wahr, true.
während, while.
wahrhaftig, truly, forsooth.
Wald, m. -es, -er, forest; —herr, m. -en, -en, owner of a forest; —rauch, m. -es, resinous matter found in ant-hills; *see note to p.* 11, *l.* 7.

Waldung, f. —, -en, forest.
walten, w. to work, live.
Wand, f. —, -e, wall; —uhr, f. —, -en, hanging clock.
Wange, f. —, -n, cheek.
wanken, to totter, waver.
wann, when? at what time? when, if.
warm, warm.
warten, w. to wait.
was, what, what even.
was (etwas), something.
Wasser, n. -s, —, water; —fall, m. -es, -e, waterfall; —rauschen, n. -s, roaring of the water.
waten, w. to wade.
weben, s. e, o, o, to weave.
wecken, w. to awaken.
Weg, m. -es, -e, way, road.
wegen, on account of.
weggeworfen, *see* wegwerfen.
weg-nehmen, s. i, a, o, to take away.
weg-werfen, s. i, a, o, to throw away.
Weh, n. -es, -en, sorrow.
weh (tun), to hurt.
wehen, w. to blow.
wehmütig, melancholy.
Weib, n. -es, -er, woman, wife.
weich, soft.
weichen, s. ei, i, i, to yield.
Weide, f. —, -n, willow; —rute, f. —, -n, willow twig.
weiden, w. to graze.
Weihwasser, n. -s, holy water
weil, because, since.

Weile, f. —, -n, while, meanwhile.
weinen, w. to cry, weep.
weiß, white.
weit, far.
weiter, sep. pref. and adv. farther, further.
weithin, far and near.
Welt, f. —, -en, world; —geschichte, f. —, -n, world's history.
wenig, little, few.
wenigstens, at least.
wenn, if, when, whenever, unless.
wenngleich, although.
werden, s. i, a, o, to become.
werfen, s. i, a, o, to throw.
Werk, n. -es, -e, work, ironworks.
Wetter, n. -s, weather.
wich, see weichen.
wie, how, as, like, than.
wieder, sep. pref. and adv. again, back.
wiederholen, w. to repeat.
wild, wild.
Wilderei, f. —, -en, poaching.
Wildnis, f. —, -se, wilderness, waste.
Wildpret, n. -es, -e, game.
Wind, m. -es, -e, wind; —puff, m. -es, -e, gale, gust; —stoß, m. -es, -e, blast of wind.
Winkel, m. -s, —, corner.
Winter, m. -s, —, winter.
wirken, w. to work, act.
Wirtin, f. —, -nen, hostess.

Wirtschaft, f. —, -en, farm, management of the farm.
wirtschaften, w. to work, farm.
wissen, s. ei, u, u, to know.
wo, where, wherever, if.
wob, see weben.
Woche, f. —, -n, week.
wohl, well, even.
wohlauf, well, healthy.
wohlbearbeitet, well-tended.
wohlbekannt, well-known, well acquainted.
wohlhabend, wealthy.
Wolf, m. -es, -e, wolf.
Wolke, f. —, -n, cloud.
wollen, w. to wish, desire, want.
worauf, whereupon.
Wort, n. -es, -er, word.
wuchern, w. to grow freely.
wuchsen, see wachsen.
wunderlich, wonderful.
wunderschön, very beautiful.
wundervoll, wonderful.
wünschen, w. to wish.
Wurzel, f. —, -n, root.
wußte, see wissen.

3

Zaunstecken, m. -s, —, fence post.
Zehe, f. —, -n, toe.
(auf) Zehenspitzen, tiptoe.
zehnmal, ten times.
zeichnen, w. to draw, design, outline, mark.
zeigen, w. to show.
Zeiger, m. -s, —, hand.

Zeit, *f.* —, -en, time.
zeitlang, *see note to p.* 5, *l.* 11.
zeitlich, in time.
Zellerkreuzl, *n.* -s, —, cross from Marienzell.
zergehen, *s.* e, i, a, to go to pieces, melt, disappear.
zerschmettern, *w.* to crush.
zerstören, *w.* to destroy.
Zeug, *n.* -es, -e, cloth, stuff.
Ziege, *f.* —, -n, goat.
ziehen, *s.* ie, o, o, to draw, pull, move.
zierlich, dainty, delicate, fine, pretty, neat.
zittern, *w.* to tremble, shake.
zog, *see* ziehen.
zu, *sep. pref. and adv.* to, toward, by, at, beside; too.

zu-bringen, *s.* i, a, a, to spend.
zucken, *w.* to twitch.
zuerst, first.
zu-fallen, *s.* ä, ie, a, to fall shut.
Zug, *m.* -es, -e, feature, character; draught.
zürnen, *w.* to be angry with, scold.
zurück, *sep. pref. and prep.* back.
zu-tragen, *s.* ä, u, a, to occur.
zuwider, against the grain, unsympathetic.
zwar, however.
zwicken, *w.* to pinch.
zwingen, *s.* i, a, u, to compel, force.
zwischen, between, among.